图书在版编目（CIP）数据

跑者日记 / 戴剑松著. -- 北京 : 人民邮电出版社,
2019.11
（慧跑无伤跑法系列）
ISBN 978-7-115-52136-1

Ⅰ. ①跑… Ⅱ. ①戴… Ⅲ. ①跑－健身运动－基本知识 Ⅳ. ①G822

中国版本图书馆CIP数据核字(2019)第207750号

免责声明

本书内容旨在为大众提供有用的信息。所有材料（包括文本、图形和图像）仅供参考，不能用于对特定疾病或症状的医疗诊断、建议或治疗。所有读者在针对任何一般性或特定的健康问题开始某项锻炼之前，均应向专业的医疗保健机构或医生进行咨询。作者和出版商都已尽可能确保本书技术上的准确性以及合理性，且并不特别推崇任何治疗方法、方案、建议或本书中的其他信息，并特别声明，不会承担由于使用本出版物中的材料而遭受的任何损伤所直接或间接产生的与个人或团体相关的一切责任、损失或风险。

内容提要

《跑者日记》是中国田径协会马拉松学院路跑指导员培训师戴剑松副教授继畅销书《无伤跑法》后的又一力作。《跑者日记》是一本适合各种跑步爱好者的“跑步打卡记录本”，跑者可以像精英运动员那样记录跑量、时间、疲劳度、睡眠情况、食欲及出汗量等训练参数，形成属于自己的训练日记，从而更好地进行训练总结，提升跑步运动表现；同时这也是一本跑步科学知识大全，每天一条小知识涵盖跑步训练、跑步减肥、跑步装备、跑步营养及跑步伤痛的方方面面，让你学会如何更加科学地跑步。此外，《跑者日记》还详细指导跑者如何对耐力、力量、柔韧性、体形、跑步习惯和意志力进行自我评估，并基于慧跑“无伤跑法”训练体系为不同级别的跑者提供了10个具有针对性的在线训练计划，每个计划详细到每次训练课的配速、训练时长和训练内容等。在2020年，如果你的跑步之路有《跑者日记》相随，一定会有巨大的收获。

著　　　　戴剑松
责任编辑　裴　倩
责任印制　周昇亮

人民邮电出版社出版发行　　北京市丰台区成寿寺路11号
邮　　编　100164　　电子邮件　315@ptpress.com.cn
网　　址　http://www.ptpress.com.cn
北京富诚彩色印刷有限公司印刷

开本：787×1092　1/32
印张：25　　2019年11月第1版
字数：553千字　　2019年11月北京第1次印刷

定价：128.00元
读者服务热线：(010)81055296　　印装质量热线：(010)81055316
反盗版热线：(010)81055315
广告经营许可证：京东工商广登字20170147号

2020
跑者日记
RUNNER'S DIARY

使用说明 INSTRUCTIONS

01 2020 年历

用荧光笔标记下重要的日子，比如你想完成人生第一场马拉松或其他重要比赛的日子。

02 愿望清单

首先设定年度目标(比如在健康方面，希望减肥多少斤；比如在跑步方面，设定个人最好成绩的目标)，明确新年的努力方向。然后将目标进行分解，拆分成一个一个容易完成的具体目标，依次攻克。

03 奖励自己

在这里写下给自己的奖励吧！每完成一个小目标，都可以送自己一份小礼物，可以是一本书或一场心仪已久的旅行。生活需要一点仪式感。

04 现状分析

本书的雷达图帮助你从耐力、力量、柔韧性、体形、跑步习惯和意志力六个方面进行评估(请扫描右侧的二维码获取具体的评估方法说明)，从而更加清晰地了解自己目前的状态，发现问题。

05 调整计划

把现状分析发现的问题在这里做一个总结，并列出具体的调整措施及完成调整的时限，同时你也可以扫描“04 现状分析”右侧的二维码获取能够帮助你提升耐力的训练计划，观看提升身体柔韧性和力量的视频与图片。

1 公里 =1 千米

1 大卡 ≈ 4186 焦耳

06 每日打卡

这个月你想养成什么好习惯？写下你的目标，来参与“每日打卡”挑战吧！

07 每月计划

以月为单位，详细规划每一天的训练内容。如果你没有太多思路，可以扫描右侧的二维码，作者提供了“5 公里跑步计划”“半程马拉松训练计划”“全程马拉松训练计划”等 10 个训练计划。这些计划详细提供了配速和具体的训练内容，帮助你科学安排训练，非常实用、有效。

08 每日一问

关于训练、减肥、装备、营养和损伤，一切你想知道的和感到困惑的，都以问答的形式为你解答。

09 训练日记

像精英运动员那样记录自己每一次的训练内容，坚持记录一年，不仅可以很好地回顾和总结，也将很有成就感。

10 年度总结

翻到这里，2020 年已经过完。如果用一句话总结这一年，你会如何书写？在这里还可以回顾年初许下的愿望，进行年度复盘。

2020 年历

RUNNER'S DIARY

1 JAN.

S	M	T	W	T	F	S
			1	2	3	4
5	6	7	8	9	10	11
12	13	14	15	16	17	18
19	20	21	22	23	24	25
26	27	28	29	30	31	

2 FEB.

S	M	T	W	T	F	S
						1
2	3	4	5	6	7	8
9	10	11	12	13	14	15
16	17	18	19	20	21	22
23	24	25	26	27	28	29

3 MAR.

S	M	T	W	T	F	S
1	2	3	4	5	6	7
8	9	10	11	12	13	14
15	16	17	18	19	20	21
22	23	24	25	26	27	28
29	30	31				

4 APR.

S	M	T	W	T	F	S
			1	2	3	4
5	6	7	8	9	10	11
12	13	14	15	16	17	18
19	20	21	22	23	24	25
26	27	28	29	30		

5 MAY

S	M	T	W	T	F	S
					1	2
3	4	5	6	7	8	9
10	11	12	13	14	15	16
17	18	19	20	21	22	23
24	25	26	27	28	29	30
31						

6 JUN.

S	M	T	W	T	F	S
	1	2	3	4	5	6
7	8	9	10	11	12	13
14	15	16	17	18	19	20
21	22	23	24	25	26	27
28	29	30				

7 JUL.

S	M	T	W	T	F	S
			1	2	3	4
5	6	7	8	9	10	11
12	13	14	15	16	17	18
19	20	21	22	23	24	25
26	27	28	29	30	31	

8 AUG.

S	M	T	W	T	F	S
						1
2	3	4	5	6	7	8
9	10	11	12	13	14	15
16	17	18	19	20	21	22
23	24	25	26	27	28	29
30	31					

9 SEPT.

S	M	T	W	T	F	S
		1	2	3	4	5
6	7	8	9	10	11	12
13	14	15	16	17	18	19
20	21	22	23	24	25	26
27	28	29	30			

10 OCT.

S	M	T	W	T	F	S
				1	2	3
4	5	6	7	8	9	10
11	12	13	14	15	16	17
18	19	20	21	22	23	24
25	26	27	28	29	30	31

11 NOV.

S	M	T	W	T	F	S
1	2	3	4	5	6	7
8	9	10	11	12	13	14
15	16	17	18	19	20	21
22	23	24	25	26	27	28
29	30					

12 DEC.

S	M	T	W	T	F	S
		1	2	3	4	5
6	7	8	9	10	11	12
13	14	15	16	17	18	19
20	21	22	23	24	25	26
27	28	29	30	31		

愿望清单 WISH LIST

健康方面的提升

跑步方面的提升

具体目标

奖励自己 REWARDS

现状分析 STATUS ANALYSIS

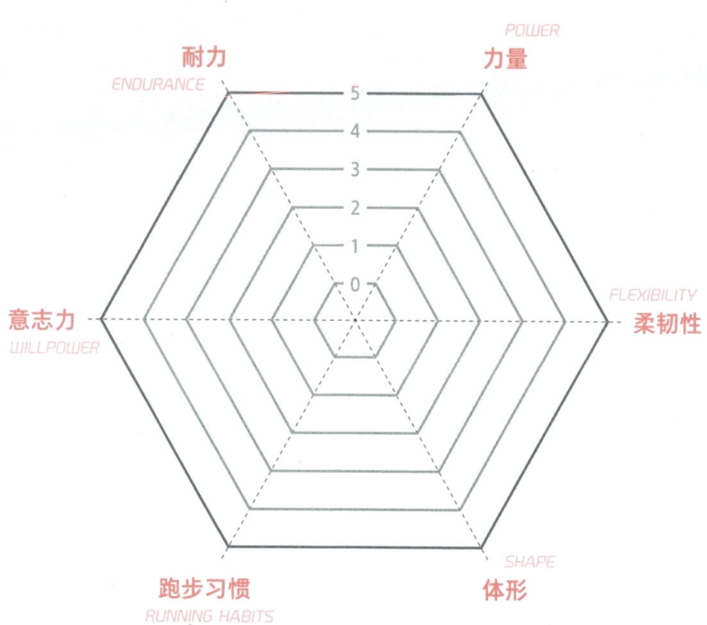

备注 REMARKS

调整计划 ADJUSTMENT PLAN

项　　目	存在的问题	解决方案
耐　　力 ENDURANCE		
力　　量 POWER		
柔 韧 性 FLEXIBILITY		
体　　形 SHAPE		
跑步习惯 RUNNING HABITS		
意 志 力 WILLPOWER		

其他方面

1月

JAN.

2020

跑者

日记

RUNNERS

DIARY

每日打卡

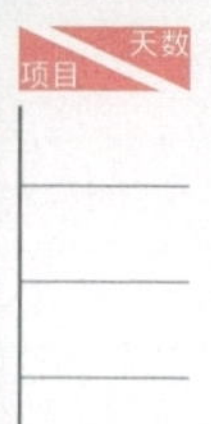

1	2	3	4	5	6	7	8	9	10	11	12	13	14	15

每月计划

周日 SUN.	周一 MON.	周二 TUE.	周三 WED.

DAILY ATTENDANCE

16	17	18	19	20	21	22	23	24	25	26	27	28	29	30	31

MONTHLY PLAN

每日一问

跑步对于身体最大的益处是什么?

跑步可以给健康带来多方面的益处，其中最大的益处是提高心肺功能。美国心脏学会已经将心肺功能与呼吸、心跳、体温、血压并列为五大生命体征，由此可见心肺功能的重要性。

星 期 三

•元 旦•

1 月 1 日
己亥年腊月初七

1

训练日记

TRAINING DIARY

跑步训练 [ ]　　跑步时长______时______分　距离______公里

其他运动 [ ]　　______________________

训练主观参数

SUBJECTIVE PARAMETERS

疲劳程度______分　1~10 分，1 分代表根本不疲劳，10 分代表筋疲力尽。

精神状态	[ ] 好	[ ] 一般	[ ] 不好
训练前一晚睡眠	[ ] 好	[ ] 一般	[ ] 不好
训练后食欲	[ ] 好	[ ] 一般	[ ] 不好
训练时排汗量	[ ] 少	[ ] 一般	[ ] 多

你的感受______________________

每日一问

为什么跑步时会感觉肩膀酸胀？

这很可能是由于肩部不够放松、上背部过度紧张造成的，也跟上肢力量不足有关。

星 期 四

• 腊八节 •

1 月 2 日
己亥年腊月初八

2

训练日记

TRAINING DIARY

跑步训练 [ ]　　跑步时长______时______分　距离______公里

其他运动 [ ]　　____________________

训练主观参数

SUBJECTIVE PARAMETERS

疲劳程度______分　1~10 分，1 分代表根本不疲劳，10 分代表筋疲力尽。

根本不疲劳　2　3　4　有点累但能接受　7　8　9　筋疲力尽

精神状态　[ ] 好　[ ] 一般　[ ] 不好

训练前一晚睡眠　[ ] 好　[ ] 一般　[ ] 不好

训练后食欲　[ ] 好　[ ] 一般　[ ] 不好

训练时排汗量　[ ] 少　[ ] 一般　[ ] 多

你的感受____________________________________

每日一问

跑步需要热身和恢复吗？

跑前热身和跑后恢复都是跑步训练的组成部分与标准流程，不可或缺。没有热身和恢复的跑步训练是不完整的。

星 期 五

1 月 3 日

己亥年腊月初九

3

训练日记

TRAINING DIARY

跑步训练 [ ]　　跑步时长______时______分　距离______公里

其他运动 [ ]　　______________________

训练主观参数

SUBJECTIVE PARAMETERS

疲劳程度______分　1~10 分，1 分代表根本不疲劳，10 分代表筋疲力尽。

根本不疲劳　2　3　4　有点累但能接受　7　8　9　筋疲力尽

精神状态　[ ] 好　[ ] 一般　[ ] 不好

训练前一晚睡眠　[ ] 好　[ ] 一般　[ ] 不好

训练后食欲　[ ] 好　[ ] 一般　[ ] 不好

训练时排汗量　[ ] 少　[ ] 一般　[ ] 多

你的感受______________________________

每日一问

什么是“马拉松配速跑”？

马拉松配速跑是另一种形式的有氧跑，它比轻松跑强度稍高，心率一般可以达到最大心率的79%~87%，常用于马拉松比赛，所以被称为“马拉松配速跑”。

星 期 六

1 月 4 日

己亥年腊月初十

4

训练日记

TRAINING DIARY

跑步训练 [ ]　　跑步时长______时______分　距离______公里

其他运动 [ ]　　______________________

训练主观参数

SUBJECTIVE PARAMETERS

疲劳程度______分　1~10 分，1 分代表根本不疲劳，10 分代表筋疲力尽。

根本不疲劳　2　3　4　有点累但能接受　7　8　9　筋疲力尽

精神状态　[ ] 好　[ ] 一般　[ ] 不好

训练前一晚睡眠　[ ] 好　[ ] 一般　[ ] 不好

训练后食欲　[ ] 好　[ ] 一般　[ ] 不好

训练时排汗量　[ ] 少　[ ] 一般　[ ] 多

你的感受______________________

每日一问

穿新鞋可以跑马拉松吗？

新鞋需要有一个磨合期，所以穿着新鞋跑马拉松容易磨出水泡，但现代跑鞋性能已经非常优良，即使是新鞋也较为柔软，只要鞋子合脚，穿新鞋其实也可以跑马拉松。

星 期 日

1 月 5 日
己亥年腊月十一

5

训练日记

TRAINING DIARY

跑步训练 [ ]　　跑步时长______时______分　距离______公里

其他运动 [ ]　　______________________

训练主观参数

SUBJECTIVE PARAMETERS

疲劳程度______分　1~10 分，1 分代表根本不疲劳，10 分代表筋疲力尽。

根本不疲劳　2　3　4　有点累但能接受　7　8　9　筋疲力尽

精神状态　[ ] 好　[ ] 一般　[ ] 不好

训练前一晚睡眠　[ ] 好　[ ] 一般　[ ] 不好

训练后食欲　[ ] 好　[ ] 一般　[ ] 不好

训练时排汗量　[ ] 少　[ ] 一般　[ ] 多

你的感受______________________

每日一问

什么是“冲刺跑”？

顾名思义，冲刺跑就是以个人最大速度进行无氧跑。冲刺跑训练的持续时间从十几秒到 2 分钟不等，可以重复进行多组练习，所以冲刺跑又被称为“重复跑”。冲刺跑训练与间歇时间之比为 1:2 或 1:3。

星 期 一

• 小 寒 •

1 月 6 日

己亥年腊月十二

训练日记

TRAINING DIARY

跑步训练 [ ]　　跑步时长______时______分　距离______公里

其他运动 [ ]　　____________________

训练主观参数

SUBJECTIVE PARAMETERS

疲劳程度______分　1~10 分，1 分代表根本不疲劳，10 分代表筋疲力尽。

根本不疲劳　2　3　4　有点累但能接受　7　8　9　筋疲力尽

精神状态　[ ] 好　[ ] 一般　[ ] 不好

训练前一晚睡眠　[ ] 好　[ ] 一般　[ ] 不好

训练后食欲　[ ] 好　[ ] 一般　[ ] 不好

训练时排汗量　[ ] 少　[ ] 一般　[ ] 多

你的感受____________________

每日一问

存在局部减脂吗？

并不存在。脂肪燃烧没有选择性，减脂时全身脂肪都会得到一定程度的减少，你的脸、下巴、肚子、胳膊和腿都会变细。锻炼哪里只能让那个部位的肌肉得到强化，而不是减去那个部位的脂肪。

星 期 二

7

1 月 7 日

己亥年腊月十三

训练日记

TRAINING DIARY

跑步训练 [ ]　　跑步时长______时______分　距离______公里

其他运动 [ ]　　____________________

训练主观参数

SUBJECTIVE PARAMETERS

疲劳程度______分　1~10 分，1 分代表根本不疲劳，10 分代表筋疲力尽。

根本不疲劳　2　3　4　有点累但能接受　7　8　9　筋疲力尽

精神状态	[ ] 好	[ ] 一般	[ ] 不好
训练前一晚睡眠	[ ] 好	[ ] 一般	[ ] 不好
训练后食欲	[ ] 好	[ ] 一般	[ ] 不好
训练时排汗量	[ ] 少	[ ] 一般	[ ] 多

你的感受____________________

每日一问

压缩腿套可以帮助恢复吗？

有研究显示，压缩腿套由于能提供梯度压力，
所以可以促进血液循环，达到促进恢复的目的。
所以，跑完马拉松使用压缩腿套会有帮助。

星 期 三

8

1 月 8 日
己亥年腊月十四

训练日记

TRAINING DIARY

跑步训练 [ ]　　跑步时长______时______分　距离______公里

其他运动 [ ]　　______________________

训练主观参数

SUBJECTIVE PARAMETERS

疲劳程度______分　1~10 分，1 分代表根本不疲劳，10 分代表筋疲力尽。

根本不疲劳　2　3　4　有点累但能接受　7　8　9　筋疲力尽

精神状态	[ ] 好	[ ] 一般	[ ] 不好
训练前一晚睡眠	[ ] 好	[ ] 一般	[ ] 不好
训练后食欲	[ ] 好	[ ] 一般	[ ] 不好
训练时排汗量	[ ] 少	[ ] 一般	[ ] 多

你的感受______________________

每日一问

出现膝痛该怎么办?

首先需要休息，然后到医院的运动医学科或康复医学科就诊，听从医嘱并进行相应治疗，同时需要进行适当的康复训练，强化膝关节周围的肌肉力量，即休息－治疗－康复三驾马车并驾齐驱。

星 期 四

9

1 月 9 日
己亥年腊月十五

训练日记

TRAINING DIARY

跑步训练 [ ]　　跑步时长______时______分　距离______公里

其他运动 [ ]　　______________________________

训练主观参数

SUBJECTIVE PARAMETERS

疲劳程度______分　1~10 分，1 分代表根本不疲劳，10 分代表筋疲力尽。

根本不疲劳　2　3　4　有点累但能接受　7　8　9　筋疲力尽

精神状态　[ ] 好　[ ] 一般　[ ] 不好

训练前一晚睡眠　[ ] 好　[ ] 一般　[ ] 不好

训练后食欲　[ ] 好　[ ] 一般　[ ] 不好

训练时排汗量　[ ] 少　[ ] 一般　[ ] 多

你的感受______________________________

每日一问

跑鞋穿多久就应该更换了?

一般跑鞋的使用寿命是 600~800 公里，超过 1000 公里后跑鞋的磨损通常就会比较严重了。不要等到鞋底完全磨平、鞋面都烂了，才换跑鞋。过度磨损的跑鞋缓震性能会大幅下降，容易导致跑者受伤。

星 期 五

10

1 月 10 日
己亥年腊月十六

训练日记

TRAINING DIARY

跑步训练 [ ]　　跑步时长______时______分　距离______公里

其他运动 [ ]　　____________________

训练主观参数

SUBJECTIVE PARAMETERS

疲劳程度______分　1~10 分，1 分代表根本不疲劳，10 分代表筋疲力尽。

根本不疲劳　2　3　4　有点累但能接受　7　8　9　筋疲力尽

精神状态	[ ] 好	[ ] 一般	[ ] 不好
训练前一晚睡眠	[ ] 好	[ ] 一般	[ ] 不好
训练后食欲	[ ] 好	[ ] 一般	[ ] 不好
训练时排汗量	[ ] 少	[ ] 一般	[ ] 多

你的感受______________________________

每日一问

晨跑前需要吃东西预防低血糖吗？

晨跑前不一定要吃东西，即使不吃东西一般也不会发生低血糖，但建议晨跑前喝点水。

星 期 六

1 月 11 日

己亥年腊月十七

训练日记

TRAINING DIARY

跑步训练 [ ]　　跑步时长______时______分　距离______公里

其他运动 [ ]　　______________________

训练主观参数

SUBJECTIVE PARAMETERS

疲劳程度______分　1~10 分，1 分代表根本不疲劳，10 分代表筋疲力尽。

根本不疲劳　2　3　4　有点累但能接受　7　8　9　筋疲力尽

精神状态　[ ] 好　[ ] 一般　[ ] 不好

训练前一晚睡眠　[ ] 好　[ ] 一般　[ ] 不好

训练后食欲　[ ] 好　[ ] 一般　[ ] 不好

训练时排汗量　[ ] 少　[ ] 一般　[ ] 多

你的感受______________________

每日一问

什么是“跑步经济性”？

跑步经济性是指跑步时节省体力和能量的情况。在同等速度下，心率越低，摄氧量越低，跑得越轻松，说明你的跑步经济性越好。通过长期坚持训练可以逐步提升跑步经济性。

星 期 日

12

1 月 12 日
己亥年腊月十八

训练日记

TRAINING DIARY

跑步训练 [ ]　　跑步时长______时______分　距离______公里

其他运动 [ ]　　______________________

训练主观参数

SUBJECTIVE PARAMETERS

疲劳程度______分　1~10 分，1 分代表根本不疲劳，10 分代表筋疲力尽。

根本不疲劳　2　3　4　有点累但能接受　7　8　9　筋疲力尽

精神状态	[ ] 好	[ ] 一般	[ ] 不好
训练前一晚睡眠	[ ] 好	[ ] 一般	[ ] 不好
训练后食欲	[ ] 好	[ ] 一般	[ ] 不好
训练时排汗量	[ ] 少	[ ] 一般	[ ] 多

你的感受______________________

每日一问

减肥时水果可以随意吃吗?

不可以。水果是健康食物的代表，这没错，但水果也是有热量的。不吃主食、不吃糖和脂肪，而狂吃水果，这是不对的，因为这样的膳食结构不均衡。

星　期　一

13

1 月 13 日
己亥年腊月十九

训练日记

TRAINING DIARY

跑步训练 [ ]　　跑步时长______时______分　距离______公里

其他运动 [ ]　　______________________

训练主观参数

SUBJECTIVE PARAMETERS

疲劳程度______分　1~10 分，1 分代表根本不疲劳，10 分代表筋疲力尽。

根本不疲劳　2　3　4　有点累但能接受　7　8　9　筋疲力尽

精神状态	[ ] 好	[ ] 一般	[ ] 不好
训练前一晚睡眠	[ ] 好	[ ] 一般	[ ] 不好
训练后食欲	[ ] 好	[ ] 一般	[ ] 不好
训练时排汗量	[ ] 少	[ ] 一般	[ ] 多

你的感受______________________________________

每日一问

运动半小时后才开始消耗脂肪吗？

“运动半小时后才开始消耗脂肪”是彻头彻尾的伪科学。只要开始运动，糖和脂肪都会消耗。半小时以后脂肪的供能比例会有所增加，但增加得很有限。

星　期　二

14

1 月 14 日
己亥年腊月二十

训练日记

TRAINING DIARY

跑步训练 [ ]　　跑步时长______时______分　距离______公里

其他运动 [ ]　　______________________

训练主观参数

SUBJECTIVE PARAMETERS

疲劳程度______分　1~10 分，1 分代表根本不疲劳，10 分代表筋疲力尽。

根本不疲劳　2　3　4　有点累但能接受　7　8　9　筋疲力尽

精神状态　[ ] 好　[ ] 一般　[ ] 不好

训练前一晚睡眠　[ ] 好　[ ] 一般　[ ] 不好

训练后食欲　[ ] 好　[ ] 一般　[ ] 不好

训练时排汗量　[ ] 少　[ ] 一般　[ ] 多

你的感受______________________________

每日一问

跑步比走路减肥效果更好吗?

跑步比走路的强度大得多，减肥效果更好，但对心肺功能也提出了更高要求，下肢关节遭受的冲击力也更大，相比走路也更难坚持。

星 期 三

15

1 月 15 日

己亥年腊月廿一

训练日记

TRAINING DIARY

跑步训练 [ ]　　跑步时长______时______分　距离______公里

其他运动 [ ]　　____________________

训练主观参数

SUBJECTIVE PARAMETERS

疲劳程度______分　1~10 分，1 分代表根本不疲劳，10 分代表筋疲力尽。

根本不疲劳　2　3　4　有点累但能接受　7　8　9　筋疲力尽

精神状态　[ ] 好　[ ] 一般　[ ] 不好

训练前一晚睡眠　[ ] 好　[ ] 一般　[ ] 不好

训练后食欲　[ ] 好　[ ] 一般　[ ] 不好

训练时排汗量　[ ] 少　[ ] 一般　[ ] 多

你的感受____________________

每日一问

如何提升跑步经济性？

跑步经济性受训练年限、环境、生理因素、生物力学因素共同影响。长期进行跑步训练，注重不同训练方法的综合运用，提高肌肉弹性都有助于提升跑步经济性。

星 期 四

16

1 月 16 日
己亥年腊月廿二

训练日记

TRAINING DIARY

跑步训练 [ ]　　跑步时长______时______分　距离______公里

其他运动 [ ]　　________________________

训练主观参数

SUBJECTIVE PARAMETERS

疲劳程度______分　1~10 分，1 分代表根本不疲劳，10 分代表筋疲力尽。

根本不疲劳　2　3　4　有点累但能接受　7　8　9　筋疲力尽

精神状态	[ ] 好	[ ] 一般	[ ] 不好
训练前一晚睡眠	[ ] 好	[ ] 一般	[ ] 不好
训练后食欲	[ ] 好	[ ] 一般	[ ] 不好
训练时排汗量	[ ] 少	[ ] 一般	[ ] 多

你的感受____

每日一问

长期大强度的训练会对心脏造成负面影响吗？

有这种可能性。适量运动肯定有益心脏健康，运动越多健康收益越大。但长期大强度训练所导致的过度负荷，也有可能加速心脏“衰老”，导致心脏发生病理性改变。

星 期 五

1 月 17 日
己亥年腊月廿三

17

训练日记

TRAINING DIARY

跑步训练 [ ]　　跑步时长______时______分　距离______公里

其他运动 [ ]　　______________________

训练主观参数

SUBJECTIVE PARAMETERS

疲劳程度______分　1~10 分，1 分代表根本不疲劳，10 分代表筋疲力尽。

根本不疲劳　2　3　4　有点累但能接受　7　8　9　筋疲力尽

精神状态　[ ] 好　[ ] 一般　[ ] 不好

训练前一晚睡眠　[ ] 好　[ ] 一般　[ ] 不好

训练后食欲　[ ] 好　[ ] 一般　[ ] 不好

训练时排汗量　[ ] 少　[ ] 一般　[ ] 多

你的感受______________________

每日一问

为什么跑者需要进行力量训练？

力量训练可以帮助跑者提高跑步表现，预防伤痛，提升跑步经济性。换句话说，力量训练可以让你跑得更快、更轻松。

星 期 六

18

1 月 18 日
己亥年腊月廿四

训练日记

TRAINING DIARY

跑步训练 [ ]　　跑步时长______时______分　距离______公里

其他运动 [ ]　　____________________

训练主观参数

SUBJECTIVE PARAMETERS

疲劳程度______分　1~10 分，1 分代表根本不疲劳，10 分代表筋疲力尽。

根本不疲劳　2　3　4　有点累但能接受　7　8　9　筋疲力尽

精神状态　[ ] 好　[ ] 一般　[ ] 不好

训练前一晚睡眠　[ ] 好　[ ] 一般　[ ] 不好

训练后食欲　[ ] 好　[ ] 一般　[ ] 不好

训练时排汗量　[ ] 少　[ ] 一般　[ ] 多

你的感受____________________

每日一问

什么是“轻松跑”？

轻松跑就是跑步时心跳呼吸加快，身体出汗，但可以自如说话或者偶尔说话的跑步训练。如果跑步时没法说话，此时就不是轻松跑了。

星 期 日

19

1 月 19 日
己亥年腊月廿五

训练日记

TRAINING DIARY

跑步训练 [ ]　　跑步时长______时______分　距离______公里

其他运动 [ ]　　______________________

训练主观参数

SUBJECTIVE PARAMETERS

疲劳程度______分　1~10 分，1 分代表根本不疲劳，10 分代表筋疲力尽。

根本不疲劳　2　3　4　有点累但能接受　7　8　9　筋疲力尽

精神状态　[ ] 好　[ ] 一般　[ ] 不好

训练前一晚睡眠　[ ] 好　[ ] 一般　[ ] 不好

训练后食欲　[ ] 好　[ ] 一般　[ ] 不好

训练时排汗量　[ ] 少　[ ] 一般　[ ] 多

你的感受______________________________

每日一问

“每逢佳节胖 3 斤”是真的吗？

经过计算，每顿饭多摄入 800 大卡热量，连续 7 天，是有可能胖 3 斤的。长 3 斤肉几天就能实现，而要消耗 3 斤脂肪就没那么容易了。

星 期 一

•大 寒•

1 月 20 日
己亥年腊月廿六

20

训练日记

TRAINING DIARY

跑步训练 [ ]　　跑步时长______时______分　距离______公里

其他运动 [ ]　　______________________

训练主观参数

SUBJECTIVE PARAMETERS

疲劳程度______分　1~10 分，1 分代表根本不疲劳，10 分代表筋疲力尽。

根本不疲劳　2　3　4　有点累但能接受　7　8　9　筋疲力尽

精神状态　[ ] 好　[ ] 一般　[ ] 不好

训练前一晚睡眠　[ ] 好　[ ] 一般　[ ] 不好

训练后食欲　[ ] 好　[ ] 一般　[ ] 不好

训练时排汗量　[ ] 少　[ ] 一般　[ ] 多

你的感受______________________________

每日一问

控制饮食的关键是什么？

控制饮食的关键有两点：一是吃七八成饱；二是吃得健康有营养。说起来容易做起来难，关键是坚持这样做很难。

星 期 二

21

1 月 21 日
己亥年腊月廿七

训练日记

TRAINING DIARY

跑步训练 [ ]　　跑步时长______时______分　距离______公里

其他运动 [ ]　　______________________

训练主观参数

SUBJECTIVE PARAMETERS

疲劳程度______分　1~10 分，1 分代表根本不疲劳，10 分代表筋疲力尽。

根本不疲劳　2　3　4　有点累但能接受　7　8　9　筋疲力尽

精神状态	[ ] 好	[ ] 一般	[ ] 不好
训练前一晚睡眠	[ ] 好	[ ] 一般	[ ] 不好
训练后食欲	[ ] 好	[ ] 一般	[ ] 不好
训练时排汗量	[ ] 少	[ ] 一般	[ ] 多

你的感受______________________________

每日一问

跑半程马拉松需要准备多长时间？

对于初次备战半程马拉松的新手而言，需要持续系统地训练 3 ～ 6 个月；对于资深跑友，至少也需要 4 个月的系统训练。最短的备赛时间不得少于 2 个月。

星 期 三

22

1 月 22 日
己亥年腊月廿八

训练日记

TRAINING DIARY

跑步训练 [ ]　　跑步时长______时______分　距离______公里

其他运动 [ ]　　______________________

训练主观参数

SUBJECTIVE PARAMETERS

疲劳程度______分　1~10 分，1 分代表根本不疲劳，10 分代表筋疲力尽。

根本不疲劳　2　3　4　有点累但能接受　7　8　9　筋疲力尽

精神状态　[ ] 好　[ ] 一般　[ ] 不好

训练前一晚睡眠　[ ] 好　[ ] 一般　[ ] 不好

训练后食欲　[ ] 好　[ ] 一般　[ ] 不好

训练时排汗量　[ ] 少　[ ] 一般　[ ] 多

你的感受______________________

每日一问

为什么一些资深跑者看上去似乎面容苍老？

跑步时风吹日晒、大量出汗使盐分和代谢物停留在皮肤表面破坏皮脂膜，加上皮脂腺的过度分泌，如果不注意保护，有可能使跑者看上去憔悴衰老。所以，资深跑者要注意护理皮肤。

星 期 四

23

1 月 23 日
己亥年腊月廿九

训练日记

TRAINING DIARY

跑步训练 [ ]　　跑步时长______时______分　距离______公里

其他运动 [ ]　　______________________

训练主观参数

SUBJECTIVE PARAMETERS

疲劳程度______分　1~10 分，1 分代表根本不疲劳，10 分代表筋疲力尽。

根本不疲劳　2　3　4　有点累但能接受　7　8　9　筋疲力尽

精神状态　[ ] 好　[ ] 一般　[ ] 不好

训练前一晚睡眠　[ ] 好　[ ] 一般　[ ] 不好

训练后食欲　[ ] 好　[ ] 一般　[ ] 不好

训练时排汗量　[ ] 少　[ ] 一般　[ ] 多

你的感受______________________________

每日一问

怎样确保买的跑鞋是合脚的？

穿上跑鞋，如果大脚趾距离鞋头的空间还能容纳一个大拇指，说明鞋是合脚的。由于运动时脚会发生轻度膨胀，所以如果买的鞋偏小，穿着跑步时就会顶脚。

星　期　五

• 除　夕 •

1 月 24 日
己亥年腊月三十

24

训练日记

TRAINING DIARY

跑步训练 [ ]　　跑步时长______时______分　距离______公里

其他运动 [ ]　　______________________

训练主观参数

SUBJECTIVE PARAMETERS

疲劳程度______分　1~10 分，1 分代表根本不疲劳，10 分代表筋疲力尽。

根本不疲劳　2　3　4　有点累但能接受　7　8　9　筋疲力尽

精神状态　[ ] 好　[ ] 一般　[ ] 不好

训练前一晚睡眠　[ ] 好　[ ] 一般　[ ] 不好

训练后食欲　[ ] 好　[ ] 一般　[ ] 不好

训练时排汗量　[ ] 少　[ ] 一般　[ ] 多

你的感受______________________

每日一问

如何在节假日期间防止体重飙升?

可以大鱼大肉但不要暴饮暴食。把吃饭时间拉长，细嚼慢咽，大吃一顿后第二天只吃青菜稀饭，且要尽量少饮酒，避免吃太多零食。节假日期间不要停止运动，不要熬夜追剧或者玩游戏。

星 期 六

• 春 节 •

1 月 25 日
庚子年正月初一

训练日记

TRAINING DIARY

跑步训练 [ ]　　跑步时长______时______分　距离______公里

其他运动 [ ]　　______________________

训练主观参数

SUBJECTIVE PARAMETERS

疲劳程度______分　1~10 分，1 分代表根本不疲劳，10 分代表筋疲力尽。

根本不疲劳　2　3　4　有点累但能接受　7　8　9　筋疲力尽

精神状态　[ ] 好　[ ] 一般　[ ] 不好

训练前一晚睡眠　[ ] 好　[ ] 一般　[ ] 不好

训练后食欲　[ ] 好　[ ] 一般　[ ] 不好

训练时排汗量　[ ] 少　[ ] 一般　[ ] 多

你的感受______________________

每日一问

跑步时如何防晒？

当阳光较为强烈时，应适当涂抹具有较强的紫外线吸收能力，且舒爽、清凉、不黏腻的防晒霜，以防止或减弱紫外线对皮肤带来的伤害。同时，还可以使用空顶帽、魔术头巾保护面部及脖子等部位。

星 期 日

26

1 月 26 日
庚子年正月初二

训练日记

TRAINING DIARY

跑步训练 [ ]　　跑步时长______时______分　距离______公里

其他运动 [ ]　　________________________

训练主观参数

SUBJECTIVE PARAMETERS

疲劳程度______分　1~10 分，1 分代表根本不疲劳，10 分代表筋疲力尽。

根本不疲劳　2　3　4　有点累但能接受　7　8　9　筋疲力尽

精神状态　[ ] 好　[ ] 一般　[ ] 不好

训练前一晚睡眠　[ ] 好　[ ] 一般　[ ] 不好

训练后食欲　[ ] 好　[ ] 一般　[ ] 不好

训练时排汗量　[ ] 少　[ ] 一般　[ ] 多

你的感受________________________________

每日一问

如何判断跑步后补水是否充足？

通过尿液颜色判断补水是否充足，是一个最简便易行的方法。如果尿液颜色澄清透亮，说明补水充分；如果尿液颜色是黄色且颜色较深，则说明补水不足。

星 期 一

27

1 月 27 日
庚子年正月初三

训练日记

TRAINING DIARY

跑步训练 [ ]　　跑步时长______时______分　距离______公里

其他运动 [ ]　　______________________

训练主观参数

SUBJECTIVE PARAMETERS

疲劳程度______分　1~10 分，1 分代表根本不疲劳，10 分代表筋疲力尽。

根本不疲劳　2　3　4　有点累但能接受　7　8　9　筋疲力尽

精神状态	[ ] 好	[ ] 一般	[ ] 不好
训练前一晚睡眠	[ ] 好	[ ] 一般	[ ] 不好
训练后食欲	[ ] 好	[ ] 一般	[ ] 不好
训练时排汗量	[ ] 少	[ ] 一般	[ ] 多

你的感受______________________________

每日一问

普通的步行能有效地减肥吗？

不能。主要原因是强度太低，必须要把速度加快到 6 公里 / 时，即配速达到 10 分钟 / 公里，才能提高脂肪燃烧效率。

星 期 二

28

1 月 28 日
庚子年正月初四

训练日记

TRAINING DIARY

跑步训练 [ ]　　跑步时长______时______分　距离______公里

其他运动 [ ]　　______________________

训练主观参数

SUBJECTIVE PARAMETERS

疲劳程度______分　1~10 分，1 分代表根本不疲劳，10 分代表筋疲力尽。

根本不疲劳　2　3　4　有点累但能接受　7　8　9　筋疲力尽

精神状态　[ ] 好　[ ] 一般　[ ] 不好

训练前一晚睡眠　[ ] 好　[ ] 一般　[ ] 不好

训练后食欲　[ ] 好　[ ] 一般　[ ] 不好

训练时排汗量　[ ] 少　[ ] 一般　[ ] 多

你的感受______________________

每日一问

为什么说“预防慢性疾病，控制体重优先”？

超重或肥胖的人更容易患上高血压、冠心病、中风、癌症、糖尿病这些慢性疾病。所以，预防慢性疾病，控制体重优先。

星 期 三

29

1 月 29 日
庚子年正月初五

训练日记

TRAINING DIARY

跑步训练 [ ]　　跑步时长______时______分　距离______公里

其他运动 [ ]　　______________________

训练主观参数

SUBJECTIVE PARAMETERS

疲劳程度______分　1~10 分，1 分代表根本不疲劳，10 分代表筋疲力尽。

根本不疲劳　2　3　4　有点累但能接受　7　8　9　筋疲力尽

精神状态	[ ] 好	[ ] 一般	[ ] 不好
训练前一晚睡眠	[ ] 好	[ ] 一般	[ ] 不好
训练后食欲	[ ] 好	[ ] 一般	[ ] 不好
训练时排汗量	[ ] 少	[ ] 一般	[ ] 多

你的感受______________________

每日一问

跑步时，哪些下肢肌肉最关键？

臀肌、大腿后群肌肉、小腿肌肉是蹬地发力时最主要的肌肉，它们位于身体后侧，而大腿前侧肌肉对于落地缓冲发挥重要作用。所以，跑步时腿部肌肉都很重要。

星 期 四

1 月 30 日
庚子年正月初六

30

训练日记

TRAINING DIARY

跑步训练 [ ]　　跑步时长______时______分　距离______公里

其他运动 [ ]　　______________________

训练主观参数

SUBJECTIVE PARAMETERS

疲劳程度______分　1~10 分，1 分代表根本不疲劳，10 分代表筋疲力尽。

根本不疲劳　2　3　4　有点累但能接受　7　8　9　筋疲力尽

精神状态　[ ] 好　[ ] 一般　[ ] 不好

训练前一晚睡眠　[ ] 好　[ ] 一般　[ ] 不好

训练后食欲　[ ] 好　[ ] 一般　[ ] 不好

训练时排汗量　[ ] 少　[ ] 一般　[ ] 多

你的感受______________________

每日一问

患上“假期综合征”怎么办？

愉快的假期结束后，很多人面对上班会心生焦虑和恐惧，这种情况被称为“假期综合征”。跑步可以缓解心理压力，消除消极的心态，并提高工作效率，帮助你摆脱“假期综合征”。

星 期 五

1 月 31 日
庚子年正月初七

训练日记

TRAINING DIARY

跑步训练 [ ]　　跑步时长______时______分　距离______公里

其他运动 [ ]　　________________________

训练主观参数

SUBJECTIVE PARAMETERS

疲劳程度______分　1~10 分，1 分代表根本不疲劳，10 分代表筋疲力尽。

根本不疲劳　2　3　4　有点累但能接受　7　8　9　筋疲力尽

精神状态　[ ] 好　[ ] 一般　[ ] 不好

训练前一晚睡眠　[ ] 好　[ ] 一般　[ ] 不好

训练后食欲　[ ] 好　[ ] 一般　[ ] 不好

训练时排汗量　[ ] 少　[ ] 一般　[ ] 多

你的感受________________________

2月

FEB.

2020

跑者

日记

RUNNER'S

DIARY

每日打卡

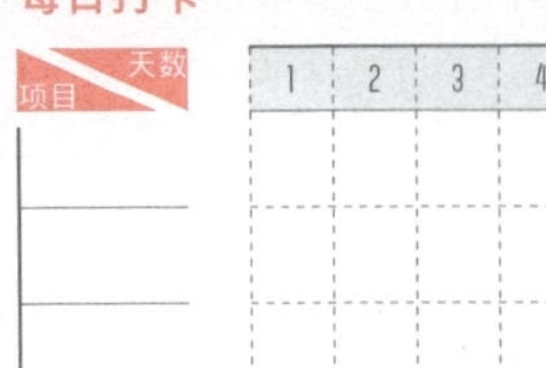

1	2	3	4	5	6	7	8	9	10	11	12	13	14	15

每月计划

周日 SUN.	周一 MON.	周二 TUE.	周三 WED.

DAILY ATTENDANCE

16	17	18	19	20	21	22	23	24	25	26	27	28	29		

MONTHLY PLAN

周四 THUR.	周五 FRI.	周六 SAT.

2

FEB.

月度总结

MONTHLY SUMMARY

每日一问

有哪些功能不同的跑鞋？

跑鞋从功能上可以分为缓震型、稳定型和控制型三大类。市面上缓震型和稳定型跑鞋比较多见，控制型跑鞋种类并不多。

星 期 六

2 月 1 日

庚子年正月初八

1

训练日记

TRAINING DIARY

跑步训练 [ ]　　跑步时长______时______分　距离______公里

其他运动 [ ]　　______________________

训练主观参数

SUBJECTIVE PARAMETERS

疲劳程度______分　1~10 分，1 分代表根本不疲劳，10 分代表筋疲力尽。

根本不疲劳　2　3　4　有点累但能接受　7　8　9　筋疲力尽

精神状态　[ ] 好　[ ] 一般　[ ] 不好

训练前一晚睡眠　[ ] 好　[ ] 一般　[ ] 不好

训练后食欲　[ ] 好　[ ] 一般　[ ] 不好

训练时排汗量　[ ] 少　[ ] 一般　[ ] 多

你的感受______________________

每日一问

高强度间歇运动后的过量氧耗状态会产生明显的能量消耗吗?

在结束高强度间歇运动后能较长时间地维持过量氧耗状态，但这种过量氧耗并不足以产生足够多的能量消耗，其减脂机制可能更多来源于内分泌。

星期日

2

2月2日
庚子年正月初九

训练日记

TRAINING DIARY

跑步训练 [ ]　　跑步时长______时______分　距离______公里

其他运动 [ ]　　____________________

训练主观参数

SUBJECTIVE PARAMETERS

疲劳程度______分　1~10 分，1 分代表根本不疲劳，10 分代表筋疲力尽。

根本不疲劳　2　3　4　有点累但能接受　7　8　9　筋疲力尽

精神状态　[ ] 好　[ ] 一般　[ ] 不好

训练前一晚睡眠　[ ] 好　[ ] 一般　[ ] 不好

训练后食欲　[ ] 好　[ ] 一般　[ ] 不好

训练时排汗量　[ ] 少　[ ] 一般　[ ] 多

你的感受____________________

每日一问

夜跑有什么好处?

夜跑的一个重要好处就是可以消除工作后的疲劳，特别是脑力疲劳。所以，可以把夜跑视为积极性恢复，而这样的恢复比玩手机、看电视剧更健康。

星 期 一

2 月 3 日
庚子年正月初十

3

训练日记

TRAINING DIARY

跑步训练 [ ]　　跑步时长______时______分　距离______公里

其他运动 [ ]　　______________________

训练主观参数

SUBJECTIVE PARAMETERS

疲劳程度______分　1~10 分，1 分代表根本不疲劳，10 分代表筋疲力尽。

根本不疲劳　2　3　4　有点累但能接受　7　8　9　筋疲力尽

精神状态　[ ] 好　[ ] 一般　[ ] 不好

训练前一晚睡眠　[ ] 好　[ ] 一般　[ ] 不好

训练后食欲　[ ] 好　[ ] 一般　[ ] 不好

训练时排汗量　[ ] 少　[ ] 一般　[ ] 多

你的感受______________________

每日一问

路跑和在跑步机上跑步有什么区别?

研究显示，路跑运动与跑步机运动的跑姿存在一定差异；跑步机运动不需要克服风阻，所以在同等速度下，比室外跑步强度略低；路跑时可以享受一路的风景，而在跑步机上跑步较为枯燥；好的跑步机减震效果不错，而路跑路面较为坚硬。

星 期 二

•立 春•

2 月 4 日
庚子年正月十一

训练日记

TRAINING DIARY

跑步训练 [ ]　　跑步时长______时______分　距离______公里

其他运动 [ ]　　______________________

训练主观参数

SUBJECTIVE PARAMETERS

疲劳程度______分　1~10 分，1 分代表根本不疲劳，10 分代表筋疲力尽。

根本不疲劳　2　3　4　有点累但能接受　7　8　9　筋疲力尽

精神状态	[ ] 好	[ ] 一般	[ ] 不好
训练前一晚睡眠	[ ] 好	[ ] 一般	[ ] 不好
训练后食欲	[ ] 好	[ ] 一般	[ ] 不好
训练时排汗量	[ ] 少	[ ] 一般	[ ] 多

你的感受______________________

每日一问

运动1小时能带来多大的减脂效果?

1小时的艰苦运动最多只能带来100克左右的脂肪消耗。这点变化绝大多数的体重秤都秤不出来，而运动前后的体重变化基本上都是出汗脱水导致的。

星 期 三

2 月 5 日
庚子年正月十二

5

训练日记

TRAINING DIARY

跑步训练 [ ]　　跑步时长______时______分　距离______公里

其他运动 [ ]　　____________________

训练主观参数

SUBJECTIVE PARAMETERS

疲劳程度______分　1~10 分，1 分代表根本不疲劳，10 分代表筋疲力尽。

根本不疲劳　2　3　4　有点累但能接受　7　8　9　筋疲力尽

精神状态　[ ] 好　[ ] 一般　[ ] 不好

训练前一晚睡眠　[ ] 好　[ ] 一般　[ ] 不好

训练后食欲　[ ] 好　[ ] 一般　[ ] 不好

训练时排汗量　[ ] 少　[ ] 一般　[ ] 多

你的感受____________________

每日一问

为什么马拉松比赛结束后并不适合立即进行拉伸?

这是因为马拉松比赛时间长，到达终点时肌肉往往已经处于半痉挛的僵硬状态，立即拉伸反而容易引起肌肉反射性收缩而引发抽筋。应当先放松地走20分钟左右，然后再缓慢进行拉伸。

星 期 四

6

2 月 6 日
庚子年正月十三

训练日记

TRAINING DIARY

跑步训练 [ ]　　跑步时长______时______分　距离______公里

其他运动 [ ]　　______________________

训练主观参数

SUBJECTIVE PARAMETERS

疲劳程度______分　1~10 分，1 分代表根本不疲劳，10 分代表筋疲力尽。

根本不疲劳　2　3　4　有点累但能接受　7　8　9　筋疲力尽

精神状态	[ ] 好	[ ] 一般	[ ] 不好
训练前一晚睡眠	[ ] 好	[ ] 一般	[ ] 不好
训练后食欲	[ ] 好	[ ] 一般	[ ] 不好
训练时排汗量	[ ] 少	[ ] 一般	[ ] 多

你的感受______________________

每日一问

跑前和跑后都要做拉伸吗？

是的。跑前热身要做的是肌肉动态拉伸，跑后放松要做的是肌肉静态拉伸。这是两种不同类型的拉伸方式。

星期五

2月7日
庚子年正月十四

7

训练日记

TRAINING DIARY

跑步训练 [ ]　　跑步时长______时______分　距离______公里

其他运动 [ ]　　______________________

训练主观参数

SUBJECTIVE PARAMETERS

疲劳程度______分　1~10分，1分代表根本不疲劳，10分代表筋疲力尽。

根本不疲劳　2　3　4　有点累但能接受　7　8　9　筋疲力尽

精神状态　[ ] 好　[ ] 一般　[ ] 不好

训练前一晚睡眠　[ ] 好　[ ] 一般　[ ] 不好

训练后食欲　[ ] 好　[ ] 一般　[ ] 不好

训练时排汗量　[ ] 少　[ ] 一般　[ ] 多

你的感受______________________

每日一问

什么温度对于跑马拉松来说最适宜？

马拉松比赛不同于平时跑步，长时间剧烈运动会产生大量热量，而气温较低有利于散热。最合适的马拉松比赛气温是 6 ~ 8 摄氏度，10~15 摄氏度的气温也还不错，超过 20 摄氏度就会对成绩有影响。

星 期 六

• 元宵节 •

2 月 8 日

庚子年正月十五

8

训练日记

TRAINING DIARY

跑步训练 [ ]　　跑步时长______时______分　距离______公里

其他运动 [ ]　　______________________

训练主观参数

SUBJECTIVE PARAMETERS

疲劳程度______分　1~10 分，1 分代表根本不疲劳，10 分代表筋疲力尽。

根本不疲劳　2　3　4　有点累但能接受　7　8　9　筋疲力尽

精神状态　[ ] 好　[ ] 一般　[ ] 不好

训练前一晚睡眠　[ ] 好　[ ] 一般　[ ] 不好

训练后食欲　[ ] 好　[ ] 一般　[ ] 不好

训练时排汗量　[ ] 少　[ ] 一般　[ ] 多

你的感受______________________

每日一问

感冒了能跑步吗？

不能。因为感冒时身体会启动一系列应急机制来对抗病毒，这时运动会导致身体过度消耗，不利于身体修复。即使感冒症状消失后也建议再等两天再开始跑步。

星 期 日

2 月 9 日
庚子年正月十六

训练日记

TRAINING DIARY

跑步训练 [ ]　　跑步时长______时______分　距离______公里

其他运动 [ ]　　______________________

训练主观参数

SUBJECTIVE PARAMETERS

疲劳程度______分　1~10 分，1 分代表根本不疲劳，10 分代表筋疲力尽。

根本不疲劳　2　3　4　有点累但能接受　7　8　9　筋疲力尽

精神状态	[ ] 好	[ ] 一般	[ ] 不好
训练前一晚睡眠	[ ] 好	[ ] 一般	[ ] 不好
训练后食欲	[ ] 好	[ ] 一般	[ ] 不好
训练时排汗量	[ ] 少	[ ] 一般	[ ] 多

你的感受______________________

每日一问

什么是动态拉伸?

所谓动态拉伸就是指在完成某个动作的过程中，将肌肉做短暂持续牵拉（通常只有1秒），并且重复多次的拉伸方式。动态拉伸通常用于跑前进行热身。

星 期 一

10

2 月 10 日
庚子年正月十七

训练日记

TRAINING DIARY

跑步训练 [ ]　　跑步时长______时______分　距离______公里

其他运动 [ ]　　______________________

训练主观参数

SUBJECTIVE PARAMETERS

疲劳程度______分　1~10 分，1 分代表根本不疲劳，10 分代表筋疲力尽。

根本不疲劳　2　3　4　有点累但能接受　7　8　9　筋疲力尽

精神状态	[ ] 好	[ ] 一般	[ ] 不好
训练前一晚睡眠	[ ] 好	[ ] 一般	[ ] 不好
训练后食欲	[ ] 好	[ ] 一般	[ ] 不好
训练时排汗量	[ ] 少	[ ] 一般	[ ] 多

你的感受______________________________

每日一问

不同品牌的跑鞋尺码标准一样吗？

不完全一样。你穿 42 码的鞋，这个品牌合适，换个品牌就未必合适了。所以，要想买到一双合脚的跑鞋，还是要亲自试穿。

星 期 二

2 月 11 日
庚子年正月十八

训练日记

TRAINING DIARY

跑步训练 [ ]　　跑步时长______时______分　距离______公里

其他运动 [ ]　　________________________

训练主观参数

SUBJECTIVE PARAMETERS

疲劳程度______分　1~10 分，1 分代表根本不疲劳，10 分代表筋疲力尽。

根本不疲劳　2　3　4　有点累但能接受　7　8　9　筋疲力尽

精神状态	[ ] 好	[ ] 一般	[ ] 不好
训练前一晚睡眠	[ ] 好	[ ] 一般	[ ] 不好
训练后食欲	[ ] 好	[ ] 一般	[ ] 不好
训练时排汗量	[ ] 少	[ ] 一般	[ ] 多

你的感受________________________

每日一问

如何在跑步的过程中补水？

跑步中建议每20分钟补200~300毫升水，即少量多次，这样胃肠负担较小，吸收较好。如果一次性大量饮水，容易导致胃肠不适，并影响跑步训练。

星 期 三

12

2 月 12 日
庚子年正月十九

训练日记

TRAINING DIARY

跑步训练 [ ]　　跑步时长______时______分　距离______公里

其他运动 [ ]　　______________________

训练主观参数

SUBJECTIVE PARAMETERS

疲劳程度______分　1~10 分，1 分代表根本不疲劳，10 分代表筋疲力尽。

根本不疲劳　2　3　4　有点累但能接受　7　8　9　筋疲力尽

精神状态	[ ] 好	[ ] 一般	[ ] 不好
训练前一晚睡眠	[ ] 好	[ ] 一般	[ ] 不好
训练后食欲	[ ] 好	[ ] 一般	[ ] 不好
训练时排汗量	[ ] 少	[ ] 一般	[ ] 多

你的感受______________________

每日一问

加强一些小肌肉的训练对跑者来说很重要吗?

除了全身那些大肌肉，一些小肌肉训练，比如臀部外侧的臀中肌，足踝和小腿的深层肌肉，对于预防伤痛也很重要，因为这些小肌肉能起到稳定作用。

星 期 四

13

2 月 13 日
庚子年正月二十

训练日记

TRAINING DIARY

跑步训练 [ ]　　跑步时长______时______分　距离______公里

其他运动 [ ]　　______________________

训练主观参数

SUBJECTIVE PARAMETERS

疲劳程度______分　1~10 分，1 分代表根本不疲劳，10 分代表筋疲力尽。

根本不疲劳　2　3　4　有点累但能接受　7　8　9　筋疲力尽

精神状态　[ ] 好　[ ] 一般　[ ] 不好

训练前一晚睡眠　[ ] 好　[ ] 一般　[ ] 不好

训练后食欲　[ ] 好　[ ] 一般　[ ] 不好

训练时排汗量　[ ] 少　[ ] 一般　[ ] 多

你的感受______________________________

每日一问

食物的烹饪方式会影响食物的健康程度吗？

鸡肉是优质的蛋白质来源，但炸鸡就含有大量油脂；土豆是营养丰富的薯类主食，但炸土豆片的热量就过高。因此，烹饪方式能很大程度地影响食物的健康程度。

星 期 五

14

2 月 14 日
庚子年正月廿一

训练日记

TRAINING DIARY

跑步训练 [ ]　　跑步时长______时______分　距离______公里

其他运动 [ ]　　______________________

训练主观参数

SUBJECTIVE PARAMETERS

疲劳程度______分　1~10 分，1 分代表根本不疲劳，10 分代表筋疲力尽。

根本不疲劳　2　3　4　有点累但能接受　7　8　9　筋疲力尽

精神状态	[ ] 好	[ ] 一般	[ ] 不好
训练前一晚睡眠	[ ] 好	[ ] 一般	[ ] 不好
训练后食欲	[ ] 好	[ ] 一般	[ ] 不好
训练时排汗量	[ ] 少	[ ] 一般	[ ] 多

你的感受______________________________

每日一问

跑者是不是越瘦越好？

并不是。跑者瘦是因为体脂比较低，所以看起来比较瘦。但真正的精英跑者其实肌肉含量不低，“穿衣显瘦脱衣有肉”才是跑者的最佳体型。

星 期 六

15

2 月 15 日
庚子年正月廿二

训练日记

TRAINING DIARY

跑步训练 [ ]　　跑步时长______时______分　距离______公里

其他运动 [ ]　　____________________

训练主观参数

SUBJECTIVE PARAMETERS

疲劳程度______分　1~10 分，1 分代表根本不疲劳，10 分代表筋疲力尽。

根本不疲劳　2　3　4　有点累但能接受　7　8　9　筋疲力尽

精神状态	[ ] 好	[ ] 一般	[ ] 不好
训练前一晚睡眠	[ ] 好	[ ] 一般	[ ] 不好
训练后食欲	[ ] 好	[ ] 一般	[ ] 不好
训练时排汗量	[ ] 少	[ ] 一般	[ ] 多

你的感受____________________

每日一问

同等距离的快走和跑步消耗的脂肪量是一样的吗?

跑步 5 公里与快走 5 公里，其实总能耗和脂肪消耗量几乎是一样的。要根据个人能力选择适合自己的运动强度，不用纠结哪种运动更能减脂。

星 期 日

16

2 月 16 日
庚子年正月廿三

训练日记

TRAINING DIARY

跑步训练 [ ]　　跑步时长______时______分　距离______公里

其他运动 [ ]　　______________________

训练主观参数

SUBJECTIVE PARAMETERS

疲劳程度______分　1~10 分，1 分代表根本不疲劳，10 分代表筋疲力尽。

根本不疲劳　2　3　4　有点累但能接受　7　8　9　筋疲力尽

精神状态　[ ] 好　[ ] 一般　[ ] 不好

训练前一晚睡眠　[ ] 好　[ ] 一般　[ ] 不好

训练后食欲　[ ] 好　[ ] 一般　[ ] 不好

训练时排汗量　[ ] 少　[ ] 一般　[ ] 多

你的感受______________________

每日一问

什么是马拉松比赛中的“撞墙”现象？

在马拉松比赛后半程，如果在某个时刻出现运动能力的断崖式下降，即感觉自己真的跑不动了，心有余而力不足，这就是“撞墙”现象。

星 期 一

17

2 月 17 日
庚子年正月廿四

训练日记

TRAINING DIARY

跑步训练 [ ]　　跑步时长______时______分　距离______公里

其他运动 [ ]　　______________________

训练主观参数

SUBJECTIVE PARAMETERS

疲劳程度______分　1~10 分，1 分代表根本不疲劳，10 分代表筋疲力尽。

根本不疲劳　2　3　4　有点累但能接受　7　8　9　筋疲力尽

精神状态　[ ] 好　[ ] 一般　[ ] 不好

训练前一晚睡眠　[ ] 好　[ ] 一般　[ ] 不好

训练后食欲　[ ] 好　[ ] 一般　[ ] 不好

训练时排汗量　[ ] 少　[ ] 一般　[ ] 多

你的感受______________________

每日一问

跑鞋的缓震功能是靠什么实现的?

提供缓震是跑鞋最基本也是最重要的功能。缓震主要是通过中底材料实现的，最基本的中底材料是 EVA。各大鞋厂都在不断研发新的中底材料，以使跑鞋既轻便又能充分缓震。

星　期　二

18

2 月 18 日
庚子年正月廿五

训练日记

TRAINING DIARY

跑步训练 [ ]　　跑步时长______时______分　距离______公里

其他运动 [ ]　　________________________

训练主观参数

SUBJECTIVE PARAMETERS

疲劳程度______分　1~10 分，1 分代表根本不疲劳，10 分代表筋疲力尽。

根本不疲劳　2　3　4　有点累但能接受　7　8　9　筋疲力尽

精神状态	[ ] 好	[ ] 一般	[ ] 不好
训练前一晚睡眠	[ ] 好	[ ] 一般	[ ] 不好
训练后食欲	[ ] 好	[ ] 一般	[ ] 不好
训练时排汗量	[ ] 少	[ ] 一般	[ ] 多

你的感受________________________________

每日一问

练习轻松跑有哪些益处？

轻松跑可以有效锻炼心脏功能，增加毛细血管密度，促进脂肪燃烧，愉悦精神。轻松跑是大众跑者最主要的跑步形式。

星　期　三

• 雨　水 •

2 月 19 日
庚子年正月廿六

19

训练日记

TRAINING DIARY

跑步训练 [ ]　　跑步时长______时______分　距离______公里

其他运动 [ ]　　________________________

训练主观参数

SUBJECTIVE PARAMETERS

疲劳程度______分　1~10 分，1 分代表根本不疲劳，10 分代表筋疲力尽。

根本不疲劳　2　3　4　有点累但能接受　7　8　9　筋疲力尽

精神状态	[ ] 好	[ ] 一般	[ ] 不好
训练前一晚睡眠	[ ] 好	[ ] 一般	[ ] 不好
训练后食欲	[ ] 好	[ ] 一般	[ ] 不好
训练时排汗量	[ ] 少	[ ] 一般	[ ] 多

你的感受____

每日一问

成功减肥的本质是什么？

成功的减肥归根结底是形成了健康的生活方式。一切不以养成健康生活方式为目的的减肥都会不可避免地失败。

星　期　四

20

2 月 20 日
庚子年正月廿七

训练日记 TRAINING DIARY

跑步训练 [ ]　　跑步时长______时______分　距离______公里

其他运动 [ ]　　______________________

训练主观参数 SUBJECTIVE PARAMETERS

疲劳程度______分　1~10 分，1 分代表根本不疲劳，10 分代表筋疲力尽。

根本不疲劳　2　3　4　有点累但能接受　7　8　9　筋疲力尽

精神状态	[ ] 好	[ ] 一般	[ ] 不好
训练前一晚睡眠	[ ] 好	[ ] 一般	[ ] 不好
训练后食欲	[ ] 好	[ ] 一般	[ ] 不好
训练时排汗量	[ ] 少	[ ] 一般	[ ] 多

你的感受______________________

每日一问

什么是决定跑者发展潜力的三大因素?

耐力、力量和柔韧。其中力量和柔韧为跑者提供必要的身体稳定性和灵活性,这是运动的基础。在此基础之上,经过系统训练发展耐力,才能实现持续有效的进步。

星 期 五

21

2 月 21 日
庚子年正月廿八

训练日记

TRAINING DIARY

跑步训练 [ ]　　跑步时长______时______分　距离______公里

其他运动 [ ]　　______________________

训练主观参数

SUBJECTIVE PARAMETERS

疲劳程度______分　1~10 分，1 分代表根本不疲劳，10 分代表筋疲力尽。

根本不疲劳　2　3　4　有点累但能接受　7　8　9　筋疲力尽

精神状态	[ ] 好	[ ] 一般	[ ] 不好
训练前一晚睡眠	[ ] 好	[ ] 一般	[ ] 不好
训练后食欲	[ ] 好	[ ] 一般	[ ] 不好
训练时排汗量	[ ] 少	[ ] 一般	[ ] 多

你的感受______________________

每日一问

早上跑步减肥效果最好吗？

有一种说法认为，经过一夜睡眠，体内糖被消耗光，晨跑时可直接消耗脂肪，所以早上跑步减肥效果最好。这种说法是没有科学依据的。因为经过一夜睡眠，体内的糖不可能被消耗光。

星 期 六

22

2 月 22 日
庚子年正月廿九

训练日记

TRAINING DIARY

跑步训练 [ ]　　跑步时长______时______分　距离______公里

其他运动 [ ]　　______________________

训练主观参数

SUBJECTIVE PARAMETERS

疲劳程度______分　1~10 分，1 分代表根本不疲劳，10 分代表筋疲力尽。

根本不疲劳　2　3　4　有点累但能接受　7　8　9　筋疲力尽

精神状态　[ ] 好　[ ] 一般　[ ] 不好

训练前一晚睡眠　[ ] 好　[ ] 一般　[ ] 不好

训练后食欲　[ ] 好　[ ] 一般　[ ] 不好

训练时排汗量　[ ] 少　[ ] 一般　[ ] 多

你的感受______________________________

每日一问

膝外侧发生疼痛该如何进行康复？

一方面需要反复拉伸和放松大腿外侧，另一方面需要加强臀部外侧的臀中肌（例如多做一些大腿外展练习），这对于缓解膝外侧疼痛特别有效。

星 期 日

2 月 23 日
庚子年二月初一

训练日记

TRAINING DIARY

跑步训练 [ ]　　跑步时长______时______分　距离______公里

其他运动 [ ]　　________________________

训练主观参数

SUBJECTIVE PARAMETERS

疲劳程度______分　1~10 分，1 分代表根本不疲劳，10 分代表筋疲力尽。

根本不疲劳　2　3　4　有点累但能接受　7　8　9　筋疲力尽

精神状态　[ ] 好　[ ] 一般　[ ] 不好

训练前一晚睡眠　[ ] 好　[ ] 一般　[ ] 不好

训练后食欲　[ ] 好　[ ] 一般　[ ] 不好

训练时排汗量　[ ] 少　[ ] 一般　[ ] 多

你的感受____

每日一问

肉长在哪里危害最大?

腹部。无论男人还是女人，腹部都是最容易长肉的部位。男性腰围≥85厘米，女性腰围≥80厘米，就被称为“腹型肥胖”。腹型肥胖严重危害人体健康。

星 期 一

24

2 月 24 日
庚子年二月初二

训练日记

TRAINING DIARY

跑步训练 [ ]　　跑步时长______时______分　距离______公里

其他运动 [ ]　　______________________

训练主观参数

SUBJECTIVE PARAMETERS

疲劳程度______分　1~10 分，1 分代表根本不疲劳，10 分代表筋疲力尽。

根本不疲劳　2　3　4　有点累但能接受　7　8　9　筋疲力尽

精神状态	[ ] 好	[ ] 一般	[ ] 不好
训练前一晚睡眠	[ ] 好	[ ] 一般	[ ] 不好
训练后食欲	[ ] 好	[ ] 一般	[ ] 不好
训练时排汗量	[ ] 少	[ ] 一般	[ ] 多

你的感受______________________

每日一问

什么是最大摄氧量？

最大摄氧量是一个生理指标，它是指人体在大肌群参与的长时间剧烈活动中，摄氧量能达到的最大值。最大摄氧量是评价耐力的经典指标，最大摄氧量越高，耐力越好。

星 期 二

25

2 月 25 日
庚子年二月初三

训练日记

TRAINING DIARY

跑步训练 [ ]　　跑步时长______时______分　距离______公里

其他运动 [ ]　　________________________

训练主观参数

SUBJECTIVE PARAMETERS

疲劳程度______分　1~10 分，1 分代表根本不疲劳，10 分代表筋疲力尽。

根本不疲劳　2　3　4　有点累但能接受　7　8　9　筋疲力尽

精神状态　[ ] 好　[ ] 一般　[ ] 不好

训练前一晚睡眠　[ ] 好　[ ] 一般　[ ] 不好

训练后食欲　[ ] 好　[ ] 一般　[ ] 不好

训练时排汗量　[ ] 少　[ ] 一般　[ ] 多

你的感受________________________________

每日一问

有些跑者特别容易出汗，这样有什么问题吗？

基本没问题。这与个人体质有关，有些人的确比别人更容易出汗，只要注意多补水，并适当补充电解质，一般没有问题。

星 期 三

26

2 月 26 日
庚子年二月初四

训练日记

TRAINING DIARY

跑步训练 [ ]　　跑步时长______时______分　距离______公里

其他运动 [ ]　　______________________

训练主观参数

SUBJECTIVE PARAMETERS

疲劳程度______分　1~10 分，1 分代表根本不疲劳，10 分代表筋疲力尽。

根本不疲劳　2　3　4　有点累但能接受　7　8　9　筋疲力尽

精神状态　[ ] 好　[ ] 一般　[ ] 不好

训练前一晚睡眠　[ ] 好　[ ] 一般　[ ] 不好

训练后食欲　[ ] 好　[ ] 一般　[ ] 不好

训练时排汗量　[ ] 少　[ ] 一般　[ ] 多

你的感受______________________

每日一问

想减肥的人怎样才能长期坚持运动？

最重要的是让运动体验好一点，没有人天生喜欢受虐。那怎样才能让运动体验变好呢？把运动强度降低，没必要太累太喘太难受。说白了，就是把强度降低一些，打好心肺耐力的基础。

星 期 四

2 月 27 日
庚子年二月初五

训练日记

TRAINING DIARY

跑步训练 [ ]　　跑步时长______时______分　距离______公里

其他运动 [ ]　　______________________

训练主观参数

SUBJECTIVE PARAMETERS

疲劳程度______分　1~10 分，1 分代表根本不疲劳，10 分代表筋疲力尽。

根本不疲劳　2　3　4　有点累但能接受　7　8　9　筋疲力尽

精神状态	[ ] 好	[ ] 一般	[ ] 不好
训练前一晚睡眠	[ ] 好	[ ] 一般	[ ] 不好
训练后食欲	[ ] 好	[ ] 一般	[ ] 不好
训练时排汗量	[ ] 少	[ ] 一般	[ ] 多

你的感受______________________

每日一问

如何才能从根本上预防跑步伤痛?

导致伤痛的原因有很多，但最终都归结于受力。想要有效预防跑步伤痛，一方面要适当减少运动负荷，例如控制跑量、循序渐进；另一方面要提高身体承受负荷的能力，例如加强力量。这才是预防跑步伤痛的王道。

星 期 五

28

2 月 28 日
庚子年二月初六

训练日记

TRAINING DIARY

跑步训练 [ ]　　跑步时长______时______分　距离______公里

其他运动 [ ]　　______________________

训练主观参数

SUBJECTIVE PARAMETERS

疲劳程度______分　1~10 分，1 分代表根本不疲劳，10 分代表筋疲力尽。

根本不疲劳　2　3　4　有点累但能接受　7　8　9　筋疲力尽

精神状态　[ ] 好　[ ] 一般　[ ] 不好

训练前一晚睡眠　[ ] 好　[ ] 一般　[ ] 不好

训练后食欲　[ ] 好　[ ] 一般　[ ] 不好

训练时排汗量　[ ] 少　[ ] 一般　[ ] 多

你的感受______________________________

每日一问

每天称体重好吗？

没必要每天称体重。你看到的每天的变化是由进食量以及饮水量变化引起的。每周在相同时间、相同状态下，称一次体重就够了，这样能准确反映你的阶段体重变化。

星 期 六

29

2 月 29 日
庚子年二月初七

训练日记

TRAINING DIARY

跑步训练 [ ]　　跑步时长______时______分　距离______公里

其他运动 [ ]　　______________________

训练主观参数

SUBJECTIVE PARAMETERS

疲劳程度______分　1~10 分，1 分代表根本不疲劳，10 分代表筋疲力尽。

根本不疲劳　2　3　4　有点累但能接受　7　8　9　筋疲力尽

精神状态　[ ] 好　[ ] 一般　[ ] 不好

训练前一晚睡眠　[ ] 好　[ ] 一般　[ ] 不好

训练后食欲　[ ] 好　[ ] 一般　[ ] 不好

训练时排汗量　[ ] 少　[ ] 一般　[ ] 多

你的感受______________________________

3月

2020

跑者

日记

RUNNER'S

DIARY

MAR.

每日打卡

1	2	3	4	5	6	7	8	9	10	11	12	13	14	15

每月计划

周日 SUN.	周一 MON.	周二 TUE.	周三 WED.

DAILY ATTENDANCE

16	17	18	19	20	21	22	23	24	25	26	27	28	29	30	31

MONTHLY PLAN

周四 THUR.	周五 FRI.	周六 SAT.
□	□	□
□	□	□
□	□	□
□	□	□
□	□	□
□	□	□

3

MAR.

月度总结

MONTHLY SUMMARY

跑步最常见的两种膝关节疼痛是什么？

膝前痛和膝外侧痛。膝前痛的学名为“髌股关节疼痛综合征”，表现为膝关节前方疼痛；膝外侧痛的学名为“髂胫束摩擦综合征”，主要表现为膝关节外侧疼痛。

星 期 日

1

3 月 1 日
庚子年二月初八

训练日记

TRAINING DIARY

跑步训练 [ ]　　跑步时长______时______分　距离______公里

其他运动 [ ]　　________________________

训练主观参数

SUBJECTIVE PARAMETERS

疲劳程度______分　1~10 分，1 分代表根本不疲劳，10 分代表筋疲力尽。

根本不疲劳　2　3　4　有点累但能接受　7　8　9　筋疲力尽

精神状态　[ ] 好　[ ] 一般　[ ] 不好

训练前一晚睡眠　[ ] 好　[ ] 一般　[ ] 不好

训练后食欲　[ ] 好　[ ] 一般　[ ] 不好

训练时排汗量　[ ] 少　[ ] 一般　[ ] 多

你的感受________________________

为什么要注意摄入血红素铁？

铁元素是合成红细胞的重要物质，而血液中的红细胞数量越多，越有利于氧气运输，从而越有助于提升跑步效率。所以，从膳食中摄入足够的铁，特别是血红素铁很有必要。

星　期　一

3 月 2 日
庚子年二月初九

训练日记

TRAINING DIARY

跑步训练 [ ]　　跑步时长______时______分　距离______公里

其他运动 [ ]　　________________________

训练主观参数

SUBJECTIVE PARAMETERS

疲劳程度______分　1~10 分，1 分代表根本不疲劳，10 分代表筋疲力尽。

根本不疲劳　2　3　4　有点累但能接受　7　8　9　筋疲力尽

精神状态　[ ] 好　[ ] 一般　[ ] 不好

训练前一晚睡眠　[ ] 好　[ ] 一般　[ ] 不好

训练后食欲　[ ] 好　[ ] 一般　[ ] 不好

训练时排汗量　[ ] 少　[ ] 一般　[ ] 多

你的感受________________________

每日一问

不吃米饭能减肥吗？

能！不吃米饭的本质其实就是减少热量摄入，即低碳水饮食。但不吃米饭，通常情况下菜就会吃得更多，油脂摄入也会增加。

星 期 二

3

3 月 3 日
庚子年二月初十

训练日记

TRAINING DIARY

跑步训练 [ ]　　跑步时长______时______分　距离______公里

其他运动 [ ]　　____________________

训练主观参数

SUBJECTIVE PARAMETERS

疲劳程度______分　1~10 分，1 分代表根本不疲劳，10 分代表筋疲力尽。

根本不疲劳　2　3　4　有点累但能接受　7　8　9　筋疲力尽

精神状态	[ ] 好	[ ] 一般	[ ] 不好
训练前一晚睡眠	[ ] 好	[ ] 一般	[ ] 不好
训练后食欲	[ ] 好	[ ] 一般	[ ] 不好
训练时排汗量	[ ] 少	[ ] 一般	[ ] 多

你的感受______________________________

资深跑者连续参加两场马拉松比赛的最短间隔应该是多久?

由于赛季比赛较为集中，一些跑者渴望参加多场比赛，两场比赛之间最短间隔应当是 3 周。短于这个时间，容易导致疲劳积累，为伤痛埋下隐患。

星 期 三

4

3 月 4 日
庚子年二月十一

训练日记

TRAINING DIARY

跑步训练 [ ]　　跑步时长______时______分　距离______公里

其他运动 [ ]　　______________________

训练主观参数

SUBJECTIVE PARAMETERS

疲劳程度______分　1~10 分，1 分代表根本不疲劳，10 分代表筋疲力尽。

根本不疲劳　2　3　4　有点累但能接受　7　8　9　筋疲力尽

精神状态	[ ] 好	[ ] 一般	[ ] 不好
训练前一晚睡眠	[ ] 好	[ ] 一般	[ ] 不好
训练后食欲	[ ] 好	[ ] 一般	[ ] 不好
训练时排汗量	[ ] 少	[ ] 一般	[ ] 多

你的感受______________________

每日一问

马拉松比赛应采用什么样的配速策略？

如果能保持全程匀速是最佳的，后半程配速下降也是正常现象。切忌前程跑得太快，导致后程体力不支。比自己平时正常跑步的配速慢 30~40 秒是相对合理的。

星　期　四

• 惊　蛰 •

3 月 5 日
庚子年二月十二

5

训练日记

TRAINING DIARY

跑步训练 [ ]　　跑步时长______时______分　距离______公里

其他运动 [ ]　　______________________

训练主观参数

SUBJECTIVE PARAMETERS

疲劳程度______分　1~10 分，1 分代表根本不疲劳，10 分代表筋疲力尽。

根本不疲劳　2　3　4　有点累但能接受　7　8　9　筋疲力尽

精神状态　[ ] 好　[ ] 一般　[ ] 不好

训练前一晚睡眠　[ ] 好　[ ] 一般　[ ] 不好

训练后食欲　[ ] 好　[ ] 一般　[ ] 不好

训练时排汗量　[ ] 少　[ ] 一般　[ ] 多

你的感受______________________

每日一问

跑步时的脱水速度有多快?

跑步时脱水速度与气温、湿度等因素有关。夏季跑步每小时脱水量可以达到 1 升左右，冬季跑步即使出汗不多，体内水分也会以不显汗的方式蒸发。脱水是导致疲劳的重要原因。

星 期 五

3 月 6 日
庚子年二月十三

训练日记

TRAINING DIARY

跑步训练 [ ]　　跑步时长______时______分　距离______公里

其他运动 [ ]　　________________________

训练主观参数

SUBJECTIVE PARAMETERS

疲劳程度______分　1~10 分，1 分代表根本不疲劳，10 分代表筋疲力尽。

根本不疲劳　2　3　4　有点累但能接受　7　8　9　筋疲力尽

精神状态　[ ] 好　[ ] 一般　[ ] 不好

训练前一晚睡眠　[ ] 好　[ ] 一般　[ ] 不好

训练后食欲　[ ] 好　[ ] 一般　[ ] 不好

训练时排汗量　[ ] 少　[ ] 一般　[ ] 多

你的感受________________________________

女性经常带妆跑步会长痘痘吗?

适宜的淡妆让女性在跑步时美美哒，并且也不会堵住毛孔和汗腺导致长痘痘。但不建议跑步时化浓妆。女性可以使用头带或者导汗带，这样不容易被汗水搞得“面目全非”。

星 期 六

3 月 7 日
庚子年二月十四

7

训练日记

TRAINING DIARY

跑步训练 [ ]　　跑步时长______时______分　距离______公里

其他运动 [ ]　　____________________

训练主观参数

SUBJECTIVE PARAMETERS

疲劳程度______分　1~10 分，1 分代表根本不疲劳，10 分代表筋疲力尽。

根本不疲劳　2　3　4　有点累但能接受　7　8　9　筋疲力尽

精神状态	[ ] 好	[ ] 一般	[ ] 不好
训练前一晚睡眠	[ ] 好	[ ] 一般	[ ] 不好
训练后食欲	[ ] 好	[ ] 一般	[ ] 不好
训练时排汗量	[ ] 少	[ ] 一般	[ ] 多

你的感受____________________

女性进行力量训练会变成“肌肉女”吗?

这种担心完全是多余的。练出肌肉实际上比减脂更加困难，而且使肌肉增粗的内分泌物质睾酮在女性体内分泌量极少，所以女性进行力量训练身材会变得更好，但不会变身“肌肉女”，除非你训练的目的是为了成为健美选手。

星 期 日

• 妇女节 •

3 月 8 日
庚子年二月十五

训练日记

TRAINING DIARY

跑步训练 [ ]　　跑步时长______时______分　距离______公里

其他运动 [ ]　　________________________

训练主观参数

SUBJECTIVE PARAMETERS

疲劳程度______分　1~10 分，1 分代表根本不疲劳，10 分代表筋疲力尽。

根本不疲劳　2　3　4　有点累但能接受　7　8　9　筋疲力尽

精神状态	[ ] 好	[ ] 一般	[ ] 不好
训练前一晚睡眠	[ ] 好	[ ] 一般	[ ] 不好
训练后食欲	[ ] 好	[ ] 一般	[ ] 不好
训练时排汗量	[ ] 少	[ ] 一般	[ ] 多

你的感受______________________________

为什么有些跑鞋买对了尺码还是会挤脚？

尺码选对只是表明长度合适，宽度不合适仍然会挤脚。亚洲人的脚普遍较为肥厚，而某些欧美品牌的跑鞋鞋楦并不适合亚洲人。

星 期 一

3 月 9 日
庚子年二月十六

训练日记

TRAINING DIARY

跑步训练 [ ]　　跑步时长______时______分　距离______公里

其他运动 [ ]　　______________________

训练主观参数

SUBJECTIVE PARAMETERS

疲劳程度______分　1~10 分，1 分代表根本不疲劳，10 分代表筋疲力尽。

根本不疲劳　2　3　4　有点累但能接受　7　8　9　筋疲力尽

精神状态　[ ] 好　[ ] 一般　[ ] 不好

训练前一晚睡眠　[ ] 好　[ ] 一般　[ ] 不好

训练后食欲　[ ] 好　[ ] 一般　[ ] 不好

训练时排汗量　[ ] 少　[ ] 一般　[ ] 多

你的感受______________________

每日一问

跑步后小腿后侧紧绷酸痛是什么原因？会让小腿变粗吗？

跑步后小腿酸胀是疲劳导致的，说明你跑步时小腿发力较多或小腿力量不够，需要加强训练。跑后充分拉伸可以缓解酸痛。跑完小腿后侧出现紧绷酸痛并不意味着你的小腿要变粗。

星 期 二

3 月 10 日
庚子年二月十七

10

训练日记

TRAINING DIARY

跑步训练 [ ]　　跑步时长______时______分　距离______公里

其他运动 [ ]　　________________________

训练主观参数

SUBJECTIVE PARAMETERS

疲劳程度______分　1~10 分，1 分代表根本不疲劳，10 分代表筋疲力尽。

根本不疲劳　2　3　4　有点累但能接受　7　8　9　筋疲力尽

精神状态	[ ] 好	[ ] 一般	[ ] 不好
训练前一晚睡眠	[ ] 好	[ ] 一般	[ ] 不好
训练后食欲	[ ] 好	[ ] 一般	[ ] 不好
训练时排汗量	[ ] 少	[ ] 一般	[ ] 多

你的感受____________________________________

每日一问

跑步伤膝盖吗?

正确地跑步不仅不会伤膝盖，反而能让膝盖更加强壮和健康，而错误地跑步则有可能伤膝。无论什么运动，运动方式不正确都容易导致损伤。

星 期 三

3 月 11 日
庚子年二月十八

训练日记

TRAINING DIARY

跑步训练 [ ]　　跑步时长______时______分　距离______公里

其他运动 [ ]　　______________________________

训练主观参数

SUBJECTIVE PARAMETERS

疲劳程度______分　1~10 分，1 分代表根本不疲劳，10 分代表筋疲力尽。

根本不疲劳　2　3　4　有点累但能接受　7　8　9　筋疲力尽

精神状态　[ ] 好　[ ] 一般　[ ] 不好

训练前一晚睡眠　[ ] 好　[ ] 一般　[ ] 不好

训练后食欲　[ ] 好　[ ] 一般　[ ] 不好

训练时排汗量　[ ] 少　[ ] 一般　[ ] 多

你的感受______________________________

每日一问

长时间跑步只喝白水可以吗?

不行。超过 1 小时的跑步(例如马拉松比赛)必须要补充电解质饮料，预防体内电解质紊乱。只喝白水可能会引发水中毒，专业术语称作“低钠血症”，危及生命。

星　期　四

• 植树节 •

3 月 12 日
庚子年二月十九

12

训练日记

TRAINING DIARY

跑步训练 [ ]　　跑步时长______时______分　距离______公里

其他运动 [ ]　　______________________

训练主观参数

SUBJECTIVE PARAMETERS

疲劳程度______分　1~10 分，1 分代表根本不疲劳，10 分代表筋疲力尽。

根本不疲劳　2　3　4　有点累但能接受　7　8　9　筋疲力尽

精神状态	[ ] 好	[ ] 一般	[ ] 不好
训练前一晚睡眠	[ ] 好	[ ] 一般	[ ] 不好
训练后食欲	[ ] 好	[ ] 一般	[ ] 不好
训练时排汗量	[ ] 少	[ ] 一般	[ ] 多

你的感受______________________________

跑者足底疼痛是怎么一回事？

引起跑者足底痛最常见的原因就是足底筋膜炎。这是一种劳损性的结构退变，其典型表现是晨起下床脚落地时发生疼痛，跑步时也会疼痛。这是跑步常见的伤痛之一。

星 期 五

3 月 13 日
庚子年二月二十

13

训练日记

TRAINING DIARY

跑步训练 [ ]　　跑步时长______时______分　距离______公里

其他运动 [ ]　　____________________

训练主观参数

SUBJECTIVE PARAMETERS

疲劳程度______分　1~10 分，1 分代表根本不疲劳，10 分代表筋疲力尽。

根本不疲劳　2　3　4　有点累但能接受　7　8　9　筋疲力尽

精神状态　[ ] 好　[ ] 一般　[ ] 不好

训练前一晚睡眠　[ ] 好　[ ] 一般　[ ] 不好

训练后食欲　[ ] 好　[ ] 一般　[ ] 不好

训练时排汗量　[ ] 少　[ ] 一般　[ ] 多

你的感受____________________

春天时有些跑者对于花粉、柳絮等过敏怎么办?

可以使用魔术头巾遮住口鼻处，减少吸入，或者改为室内运动。

星　期　六

3 月 14 日
庚子年二月廿一

14

训练日记

TRAINING DIARY

跑步训练 [ ]　　跑步时长______时______分　距离______公里

其他运动 [ ]　　______________________

训练主观参数

SUBJECTIVE PARAMETERS

疲劳程度______分　1~10 分，1 分代表根本不疲劳，10 分代表筋疲力尽。

根本不疲劳　2　3　4　有点累但能接受　7　8　9　筋疲力尽

精神状态　[ ] 好　[ ] 一般　[ ] 不好

训练前一晚睡眠　[ ] 好　[ ] 一般　[ ] 不好

训练后食欲　[ ] 好　[ ] 一般　[ ] 不好

训练时排汗量　[ ] 少　[ ] 一般　[ ] 多

你的感受______________________

跑者应当如何开启正确的力量训练？

力量训练对于跑者特别重要，但如果力量训练做得不规范，不仅达不到训练效果，还会增加局部关节压力。应从徒手练习开始，学习正确的动作模式，在动作做正确的前提下，逐步增加练习次数和组数。从训练部位来说，优先进行下肢力量训练，同时不要忽视核心和上肢的训练。

星 期 日

15

3 月 15 日
庚子年二月廿二

训练日记

TRAINING DIARY

跑步训练 [ ]　　跑步时长______时______分　距离______公里

其他运动 [ ]　　______________________

训练主观参数

SUBJECTIVE PARAMETERS

疲劳程度______分　1~10 分，1 分代表根本不疲劳，10 分代表筋疲力尽。

根本不疲劳　2　3　4　有点累但能接受　7　8　9　筋疲力尽

精神状态	[ ] 好	[ ] 一般	[ ] 不好
训练前一晚睡眠	[ ] 好	[ ] 一般	[ ] 不好
训练后食欲	[ ] 好	[ ] 一般	[ ] 不好
训练时排汗量	[ ] 少	[ ] 一般	[ ] 多

你的感受______________________

每日一问

想减肥的人刚开始最适合进行的运动是什么？

快走。快走又被称为“健走”，它强度适中、体验好且对关节冲击小。

星 期 一

16

3 月 16 日
庚子年二月廿三

训练日记

TRAINING DIARY

跑步训练 [ ]　　跑步时长______时______分　距离______公里

其他运动 [ ]　　______________________

训练主观参数

SUBJECTIVE PARAMETERS

疲劳程度______分　1~10 分，1 分代表根本不疲劳，10 分代表筋疲力尽。

根本不疲劳　2　3　4　有点累但能接受　7　8　9　筋疲力尽

精神状态　[ ] 好　[ ] 一般　[ ] 不好

训练前一晚睡眠　[ ] 好　[ ] 一般　[ ] 不好

训练后食欲　[ ] 好　[ ] 一般　[ ] 不好

训练时排汗量　[ ] 少　[ ] 一般　[ ] 多

你的感受______________________

为什么力量差的跑者容易发生伤痛?

当肌肉力量比较差时，更多的负荷就容易直接作用在关节上，导致受伤。而加强肌肉力量训练，可以利用肌肉来承受负荷，从而减轻关节压力，起到保护关节的作用。

星 期 二

17

3 月 17 日
庚子年二月廿四

训练日记

TRAINING DIARY

跑步训练 [ ]　　跑步时长______时______分　距离______公里

其他运动 [ ]　　____________________

训练主观参数

SUBJECTIVE PARAMETERS

疲劳程度______分　1~10 分，1 分代表根本不疲劳，10 分代表筋疲力尽。

根本不疲劳　2　3　4　有点累但能接受　7　8　9　筋疲力尽

精神状态　[ ] 好　[ ] 一般　[ ] 不好

训练前一晚睡眠　[ ] 好　[ ] 一般　[ ] 不好

训练后食欲　[ ] 好　[ ] 一般　[ ] 不好

训练时排汗量　[ ] 少　[ ] 一般　[ ] 多

你的感受____________________

每日一问

有标准跑姿吗？

优秀运动员的跑姿也不尽相同，没有所谓的标准跑姿，跑姿是允许存在个体差异的。但正确合理的跑姿一定要符合运动生物力学的原理，即最大限度地减少受力，节省用力。

星 期 三

18

3 月 18 日
庚子年二月廿五

训练日记

TRAINING DIARY

跑步训练 [ ]　　跑步时长______时______分　距离______公里

其他运动 [ ]　　______________________

训练主观参数

SUBJECTIVE PARAMETERS

疲劳程度______分　1~10 分，1 分代表根本不疲劳，10 分代表筋疲力尽。

根本不疲劳　2　3　4　有点累但能接受　7　8　9　筋疲力尽

精神状态　[ ] 好　[ ] 一般　[ ] 不好

训练前一晚睡眠　[ ] 好　[ ] 一般　[ ] 不好

训练后食欲　[ ] 好　[ ] 一般　[ ] 不好

训练时排汗量　[ ] 少　[ ] 一般　[ ] 多

你的感受______________________

每日一问

减脂的最佳心率范围是多少？

在有氧运动中心率达到最大心率的 60%~75%（最大心率等于 220 减去年龄）时，脂肪供能比例最高。这时感觉不会太累，运动体验也好。

星 期 四

19

3 月 19 日
庚子年二月廿六

训练日记

TRAINING DIARY

跑步训练 [ ]　　跑步时长______时______分　距离______公里

其他运动 [ ]　　______________________

训练主观参数

SUBJECTIVE PARAMETERS

疲劳程度______分　1~10 分，1 分代表根本不疲劳，10 分代表筋疲力尽。

根本不疲劳　2　3　4　有点累但能接受　7　8　9　筋疲力尽

精神状态　[ ] 好　[ ] 一般　[ ] 不好

训练前一晚睡眠　[ ] 好　[ ] 一般　[ ] 不好

训练后食欲　[ ] 好　[ ] 一般　[ ] 不好

训练时排汗量　[ ] 少　[ ] 一般　[ ] 多

你的感受______________________________

每日一问

经常跑步的人会形成什么样的肌肉类型？

肌肉类型分为Ⅰ型肌纤维和Ⅱ型肌纤维：Ⅰ型肌纤维是耐力型肌纤维，又称为“红肌”；Ⅱ型肌纤维是速度型肌纤维，又称为“白肌”。跑者经过多年训练，Ⅰ型肌纤维比例较高，所以适合进行耐力运动。

星 期 五

•春 分•

3 月 20 日
庚子年二月廿七

训练日记

TRAINING DIARY

跑步训练 [ ]　　跑步时长______时______分　距离______公里

其他运动 [ ]　　______________________

训练主观参数

SUBJECTIVE PARAMETERS

疲劳程度______分　1~10 分，1 分代表根本不疲劳，10 分代表筋疲力尽。

根本不疲劳　2　3　4　有点累但能接受　7　8　9　筋疲力尽

精神状态	[ ] 好	[ ] 一般	[ ] 不好
训练前一晚睡眠	[ ] 好	[ ] 一般	[ ] 不好
训练后食欲	[ ] 好	[ ] 一般	[ ] 不好
训练时排汗量	[ ] 少	[ ] 一般	[ ] 多

你的感受______________________

每日一问

什么是“间歇跑”？

顾名思义，“间歇跑”就是跑一阵停下来休息一阵，不断重复进行的跑步训练。进行间歇跑时心率可以达到最大心率的 90%~100%。间歇跑训练很辛苦，训练时体内乳酸浓度往往很高，但这种训练可以有效提升最大摄氧量。

星 期 六

21

3 月 21 日
庚子年二月廿八

训练日记

TRAINING DIARY

跑步训练 [ ]　　跑步时长______时______分　距离______公里

其他运动 [ ]　　______________________

训练主观参数

SUBJECTIVE PARAMETERS

疲劳程度______分　1~10 分，1 分代表根本不疲劳，10 分代表筋疲力尽。

根本不疲劳　2　3　4　有点累但能接受　7　8　9　筋疲力尽

精神状态　[ ] 好　[ ] 一般　[ ] 不好

训练前一晚睡眠　[ ] 好　[ ] 一般　[ ] 不好

训练后食欲　[ ] 好　[ ] 一般　[ ] 不好

训练时排汗量　[ ] 少　[ ] 一般　[ ] 多

你的感受______________________

每日一问

跑步时岔气该怎么办？

岔气的学名叫“运动性短暂腹痛综合征”，目前人们并没有弄清楚岔气的发生机制，它可能与呼吸肌不协调、疲劳、速度太快等因素有关。发生岔气时，按压住疼痛部位，降低速度或者停下来，一般可迅速缓解。

星 期 日

22

3 月 22 日
庚子年二月廿九

训练日记

TRAINING DIARY

跑步训练 [ ]　　跑步时长______时______分　距离______公里

其他运动 [ ]　　______________________

训练主观参数

SUBJECTIVE PARAMETERS

疲劳程度______分　1~10 分，1 分代表根本不疲劳，10 分代表筋疲力尽。

根本不疲劳　2　3　4　有点累但能接受　7　8　9　筋疲力尽

精神状态　[ ] 好　[ ] 一般　[ ] 不好

训练前一晚睡眠　[ ] 好　[ ] 一般　[ ] 不好

训练后食欲　[ ] 好　[ ] 一般　[ ] 不好

训练时排汗量　[ ] 少　[ ] 一般　[ ] 多

你的感受______________________

有氧运动和无氧运动该如何选择？

需要注意的是，有氧运动、无氧运动是由强度决定的，同样是跑步，轻松跑就是有氧运动，间歇跑就变成无氧运动。有氧运动适合所有人，无氧运动适合有一定基础、需要进一步提升的跑者。

星期一

23

3 月 23 日
庚子年二月三十

训练日记

TRAINING DIARY

跑步训练 [ ]　　跑步时长______时______分　距离______公里

其他运动 [ ]　　____________________

训练主观参数

SUBJECTIVE PARAMETERS

疲劳程度______分　1~10 分，1 分代表根本不疲劳，10 分代表筋疲力尽。

根本不疲劳　2　3　4　有点累但能接受　7　8　9　筋疲力尽

精神状态　[ ] 好　[ ] 一般　[ ] 不好

训练前一晚睡眠　[ ] 好　[ ] 一般　[ ] 不好

训练后食欲　[ ] 好　[ ] 一般　[ ] 不好

训练时排汗量　[ ] 少　[ ] 一般　[ ] 多

你的感受____________________

每日一问

基本的跑步训练方法有哪些？

有氧跑、混氧跑和无氧跑是 3 种基本的跑步训练方法。有氧跑是基础，主要发展基础有氧耐力；混氧跑主要指抗乳酸跑，主要发展对抗乳酸的能力；无氧跑主要发展最大摄氧量和速度能力。为健康而跑步只要进行有氧跑就足够了，如果为马拉松而训练，还需要安排适当的混氧跑和无氧跑。

星 期 二

24

3 月 24 日
庚子年三月初一

训练日记

TRAINING DIARY

跑步训练 [ ]　　跑步时长______时______分　距离______公里

其他运动 [ ]　　____________________

训练主观参数

SUBJECTIVE PARAMETERS

疲劳程度______分　1~10 分，1 分代表根本不疲劳，10 分代表筋疲力尽。

根本不疲劳　2　3　4　有点累但能接受　7　8　9　筋疲力尽

精神状态	[ ] 好	[ ] 一般	[ ] 不好
训练前一晚睡眠	[ ] 好	[ ] 一般	[ ] 不好
训练后食欲	[ ] 好	[ ] 一般	[ ] 不好
训练时排汗量	[ ] 少	[ ] 一般	[ ] 多

你的感受____

每日一问

什么是健康的瘦？

真正健康的瘦不是细胳膊细腿。大多数中国女性以瘦为美，但真正健康的瘦是富有线条感，看上去有活力。这要通过合理的有氧运动结合力量训练才能实现。

星 期 三

25

3 月 25 日
庚子年三月初二

训练日记

TRAINING DIARY

跑步训练 [ ]　　跑步时长______时______分　距离______公里

其他运动 [ ]　　______________________

训练主观参数

SUBJECTIVE PARAMETERS

疲劳程度______分　1~10 分，1 分代表根本不疲劳，10 分代表筋疲力尽。

根本不疲劳　2　3　4　有点累但能接受　7　8　9　筋疲力尽

精神状态　[ ] 好　[ ] 一般　[ ] 不好

训练前一晚睡眠　[ ] 好　[ ] 一般　[ ] 不好

训练后食欲　[ ] 好　[ ] 一般　[ ] 不好

训练时排汗量　[ ] 少　[ ] 一般　[ ] 多

你的感受______________________

每日一问

女性通过跑步减脂会把胸变小吗?

应该是会的。脂肪是乳房的重要组成部分。脂肪消耗是没有选择性的，所以女性在减脂过程中，胸部可能也会有些变小。

星 期 四

26

3 月 26 日
庚子年三月初三

训练日记

TRAINING DIARY

跑步训练 [ ]　　跑步时长______时______分　距离______公里

其他运动 [ ]　　______________________

训练主观参数

SUBJECTIVE PARAMETERS

疲劳程度______分　1~10 分，1 分代表根本不疲劳，10 分代表筋疲力尽。

根本不疲劳　2　3　4　有点累但能接受　7　8　9　筋疲力尽

精神状态	[ ] 好	[ ] 一般	[ ] 不好
训练前一晚睡眠	[ ] 好	[ ] 一般	[ ] 不好
训练后食欲	[ ] 好	[ ] 一般	[ ] 不好
训练时排汗量	[ ] 少	[ ] 一般	[ ] 多

你的感受______________________________________

每日一问

什么是稳定型跑鞋？

有一些跑者存在扁平足或者足踝不稳的情况，在着地过程中会发生足的过度外翻，这会增加受伤风险。稳定型跑鞋可以起到稳定足踝的作用。

星　期　五

3 月 27 日
庚子年三月初四

训练日记

TRAINING DIARY

跑步训练 [ ]　　跑步时长______时______分　距离______公里

其他运动 [ ]　　____________________

训练主观参数

SUBJECTIVE PARAMETERS

疲劳程度______分　1~10 分，1 分代表根本不疲劳，10 分代表筋疲力尽。

根本不疲劳　2　3　4　有点累但能接受　7　8　9　筋疲力尽

精神状态	[ ] 好	[ ] 一般	[ ] 不好
训练前一晚睡眠	[ ] 好	[ ] 一般	[ ] 不好
训练后食欲	[ ] 好	[ ] 一般	[ ] 不好
训练时排汗量	[ ] 少	[ ] 一般	[ ] 多

你的感受______________________________

每日一问

节食就是控制饮食吗？

减肥需要控制饮食，但控制饮食不等于节食，这是两码事。节食的本质是饿肚子，控制饮食的本质不是饿肚子，而是选择健康的食物，同时吃七八成饱。

星 期 六

3 月 28 日
庚子年三月初五

训练日记

TRAINING DIARY

跑步训练 [ ]　　跑步时长______时______分　距离______公里

其他运动 [ ]　　________________________

训练主观参数

SUBJECTIVE PARAMETERS

疲劳程度______分　1~10 分，1 分代表根本不疲劳，10 分代表筋疲力尽。

根本不疲劳　2　3　4　有点累但能接受　7　8　9　筋疲力尽

精神状态　[ ] 好　[ ] 一般　[ ] 不好

训练前一晚睡眠　[ ] 好　[ ] 一般　[ ] 不好

训练后食欲　[ ] 好　[ ] 一般　[ ] 不好

训练时排汗量　[ ] 少　[ ] 一般　[ ] 多

你的感受________________________

跑后拉伸是不是越痛效果越好?

跑后静态拉伸只要感觉肌肉有牵拉感就可以了，并非越疼痛拉伸效果越好。过度疼痛反而导致肌肉对抗收缩，降低了拉伸效果。

星 期 日

29

3 月 29 日
庚子年三月初六

训练日记

TRAINING DIARY

跑步训练 [ ]　　跑步时长______时______分　距离______公里

其他运动 [ ]　　____________________

训练主观参数

SUBJECTIVE PARAMETERS

疲劳程度______分　1~10 分，1 分代表根本不疲劳，10 分代表筋疲力尽。

根本不疲劳　2　3　4　有点累但能接受　7　8　9　筋疲力尽

精神状态　[ ] 好　[ ] 一般　[ ] 不好

训练前一晚睡眠　[ ] 好　[ ] 一般　[ ] 不好

训练后食欲　[ ] 好　[ ] 一般　[ ] 不好

训练时排汗量　[ ] 少　[ ] 一般　[ ] 多

你的感受____________________

每日一问

进行核心训练，练平板支撑就够了吗？

平板支撑主要锻炼核心深层的腹横肌，对于提升跑步时躯干稳定性有一定帮助。但平板支撑不是核心训练的全部，并且如果你能连续支撑超过 2 分钟，就需要做变式练习增加动作难度了，比如练习时伸出一侧手。

星 期 一

30

3 月 30 日
庚子年三月初七

训练日记

TRAINING DIARY

跑步训练 [ ]　　跑步时长______时______分　距离______公里

其他运动 [ ]　　______________________

训练主观参数

SUBJECTIVE PARAMETERS

疲劳程度______分　1~10 分，1 分代表根本不疲劳，10 分代表筋疲力尽。

根本不疲劳　2　3　4　有点累但能接受　7　8　9　筋疲力尽

精神状态	[ ] 好	[ ] 一般	[ ] 不好
训练前一晚睡眠	[ ] 好	[ ] 一般	[ ] 不好
训练后食欲	[ ] 好	[ ] 一般	[ ] 不好
训练时排汗量	[ ] 少	[ ] 一般	[ ] 多

你的感受______________________

每日一问

什么是“LSD”？

LSD 是 long slow distance 的缩写，就是低强度慢跑的意思，即轻松跑。LSD 训练是大众跑者最为基础的一种跑步训练，心率一般介于最大心率的 65%~78%。

星 期 二

31

3 月 31 日
庚子年三月初八

训练日记

TRAINING DIARY

跑步训练 [ ]　　跑步时长______时______分　距离______公里

其他运动 [ ]　　____________________

训练主观参数

SUBJECTIVE PARAMETERS

疲劳程度______分　1~10 分，1 分代表根本不疲劳，10 分代表筋疲力尽。

根本不疲劳　2　3　4　有点累但能接受　7　8　9　筋疲力尽

精神状态	[ ] 好	[ ] 一般	[ ] 不好
训练前一晚睡眠	[ ] 好	[ ] 一般	[ ] 不好
训练后食欲	[ ] 好	[ ] 一般	[ ] 不好
训练时排汗量	[ ] 少	[ ] 一般	[ ] 多

你的感受____________________

4月

2020

跑者

日记

RUNNER'S

DIARY

APR.

每日打卡

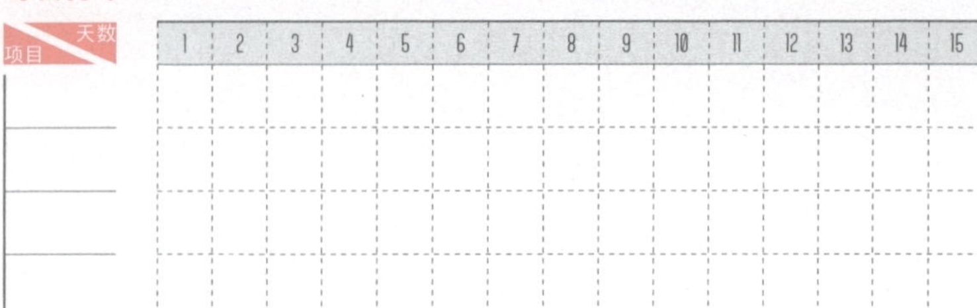

每月计划

周日 SUN.	周一 MON.	周二 TUE.	周三 WED.

DAILY ATTENDANCE

16	17	18	19	20	21	22	23	24	25	26	27	28	29	30	

MONTHLY PLAN

周四 THUR.	周五 FRI.	周六 SAT.

4

APR.

月度总结

MONTHLY SUMMARY

每日一问

为什么跑步时经常崴脚？

有些跑者在跑步甚至平时走路过程中经常崴脚，这主要与之前受过伤以及足踝力量薄弱有关。应注意小腿足踝肌肉的拉伸，加强足踝稳定性训练（比如单脚站立、提踵、勾脚等练习）。

星 期 三

1

4 月 1 日
庚子年三月初九

训练日记

TRAINING DIARY

跑步训练 [ ]　　跑步时长______时______分　距离______公里

其他运动 [ ]　　______________________

训练主观参数

SUBJECTIVE PARAMETERS

疲劳程度______分　1~10 分，1 分代表根本不疲劳，10 分代表筋疲力尽。

根本不疲劳　2　3　4　有点累但能接受　7　8　9　筋疲力尽

精神状态　[ ] 好　[ ] 一般　[ ] 不好

训练前一晚睡眠　[ ] 好　[ ] 一般　[ ] 不好

训练后食欲　[ ] 好　[ ] 一般　[ ] 不好

训练时排汗量　[ ] 少　[ ] 一般　[ ] 多

你的感受______________________

每日一问

跑步时脚后跟先着地有何利弊？

脚后跟先着地，减轻了足踝肌肉的负担，比较省力，但在着地早期会受到一个陡增的冲击力作用，这会增加受伤风险。所以着地时要保持膝关节微屈来增加缓冲。跑鞋最重要的功能就是缓冲脚跟着地时的冲击力。

星 期 四

4 月 2 日
庚子年三月初十

训练日记

TRAINING DIARY

跑步训练 [ ]　　跑步时长______时______分　距离______公里

其他运动 [ ]　　______________________

训练主观参数

SUBJECTIVE PARAMETERS

疲劳程度______分　1~10 分，1 分代表根本不疲劳，10 分代表筋疲力尽。

根本不疲劳　2　3　4　有点累但能接受　7　8　9　筋疲力尽

精神状态　[ ] 好　[ ] 一般　[ ] 不好

训练前一晚睡眠　[ ] 好　[ ] 一般　[ ] 不好

训练后食欲　[ ] 好　[ ] 一般　[ ] 不好

训练时排汗量　[ ] 少　[ ] 一般　[ ] 多

你的感受______________________________

每日一问

马拉松比赛中跑累了改为走路能不能减少心脏压力?

走跑结合的方式可以减少肌肉骨骼系统的压力，相对来说可以减少肌肉疼痛和疲劳，但心脏压力仍然持续存在，并不会因为走跑结合而减少可能存在的心脏风险。所以，要量力而行，理性参赛。

星 期 五

4 月 3 日

庚子年三月十一

3

训练日记

TRAINING DIARY

跑步训练 [ ]　　跑步时长______时______分　距离______公里

其他运动 [ ]　　________________________

训练主观参数

SUBJECTIVE PARAMETERS

疲劳程度______分　1~10 分，1 分代表根本不疲劳，10 分代表筋疲力尽。

根本不疲劳　2　3　4　有点累但能接受　7　8　9　筋疲力尽

精神状态	[ ] 好	[ ] 一般	[ ] 不好
训练前一晚睡眠	[ ] 好	[ ] 一般	[ ] 不好
训练后食欲	[ ] 好	[ ] 一般	[ ] 不好
训练时排汗量	[ ] 少	[ ] 一般	[ ] 多

你的感受____

每日一问

稳定型跑鞋在设计上是如何发挥稳定作用的?

稳定型跑鞋在脚跟内侧会特别加厚,从而限制着地过程中足的过度外翻。此外,足弓内侧往往也会采用硬质材料从而发挥稳定脚踝的作用。

星 期 六

•清 明•

4 月 4 日

庚子年三月十二

4

训练日记

TRAINING DIARY

跑步训练 [ ]　　跑步时长______时______分　距离______公里

其他运动 [ ]　　________________________

训练主观参数

SUBJECTIVE PARAMETERS

疲劳程度______分　1~10 分，1 分代表根本不疲劳，10 分代表筋疲力尽。

根本不疲劳　2　3　4　有点累但能接受　7　8　9　筋疲力尽

精神状态　[ ] 好　[ ] 一般　[ ] 不好

训练前一晚睡眠　[ ] 好　[ ] 一般　[ ] 不好

训练后食欲　[ ] 好　[ ] 一般　[ ] 不好

训练时排汗量　[ ] 少　[ ] 一般　[ ] 多

你的感受________________________

塑胶跑道是不是有利于减少伤痛?

塑胶跑道较之水泥地面来说更富有弹性，可以减少或者缓冲着地过程中人体所受到的冲击力。从这个意义上说，塑胶跑道更加有利于保护人体。所以多在塑胶跑道上跑步不是坏事。

星　期　日

4 月 5 日
庚子年三月十三

训练日记

TRAINING DIARY

跑步训练 [ ]　　跑步时长______时______分　距离______公里

其他运动 [ ]　　____________________

训练主观参数

SUBJECTIVE PARAMETERS

疲劳程度______分　1~10 分，1 分代表根本不疲劳，10 分代表筋疲力尽。

根本不疲劳　2　3　4　有点累但能接受　7　8　9　筋疲力尽

精神状态	[ ] 好	[ ] 一般	[ ] 不好
训练前一晚睡眠	[ ] 好	[ ] 一般	[ ] 不好
训练后食欲	[ ] 好	[ ] 一般	[ ] 不好
训练时排汗量	[ ] 少	[ ] 一般	[ ] 多

你的感受____________________

什么是“亚索 800”？

“亚索 800”由《跑者世界》杂志前主编亚索发明，是一种间歇跑训练方法。跑完 10 组 800 米跑，每组 800 米完成的时间相同，并且组间休息时间与完成 800 米时间相同。那么你最后参加马拉松的完赛时间就是与 800 米用时近乎相同的数字，比如每组 800 米 4 分钟完成，那么你的马拉松完赛时间就是 4 小时左右。

星 期 一

4 月 6 日
庚子年三月十四

6

训练日记

TRAINING DIARY

跑步训练 [ ]　　跑步时长______时______分　距离______公里

其他运动 [ ]　　____________________

训练主观参数

SUBJECTIVE PARAMETERS

疲劳程度______分　1~10 分，1 分代表根本不疲劳，10 分代表筋疲力尽。

根本不疲劳　2　3　4　有点累但能接受　7　8　9　筋疲力尽

精神状态　[ ] 好　[ ] 一般　[ ] 不好

训练前一晚睡眠　[ ] 好　[ ] 一般　[ ] 不好

训练后食欲　[ ] 好　[ ] 一般　[ ] 不好

训练时排汗量　[ ] 少　[ ] 一般　[ ] 多

你的感受____________________

多吃脂肪更容易长胖还是多吃糖更容易长胖？

糖和脂肪吃太多吃太少都不好。多吃脂肪或者多吃糖都会导致长胖，目前观点认为要控制总热量。所谓多吃肉不吃主食有利于减肥的观点是不严谨的，但低碳水饮食相对更健康一些。

星 期 二

4 月 7 日

庚子年三月十五

7

训练日记

TRAINING DIARY

跑步训练 [ ]　　跑步时长______时______分　距离______公里

其他运动 [ ]　　________________________

训练主观参数

SUBJECTIVE PARAMETERS

疲劳程度______分　1~10 分，1 分代表根本不疲劳，10 分代表筋疲力尽。

根本不疲劳　2　3　4　有点累但能接受　7　8　9　筋疲力尽

精神状态　[ ] 好　[ ] 一般　[ ] 不好

训练前一晚睡眠　[ ] 好　[ ] 一般　[ ] 不好

训练后食欲　[ ] 好　[ ] 一般　[ ] 不好

训练时排汗量　[ ] 少　[ ] 一般　[ ] 多

你的感受________________________

每日一问

什么是“细胞分裂法”？

如果你跑步时总是慢不下来，可以采用这种方法来让自己慢下来：关闭嘴巴只用鼻子呼吸。由于吸气量减少，这有助于让你学会轻松跑。日本人称其为“细胞分裂法”。

星 期 三

4 月 8 日
庚子年三月十六

训练日记

TRAINING DIARY

跑步训练 [ ]　　跑步时长______时______分　距离______公里

其他运动 [ ]　　______________________

训练主观参数

SUBJECTIVE PARAMETERS

疲劳程度______分　1~10 分，1 分代表根本不疲劳，10 分代表筋疲力尽。

根本不疲劳　2　3　4　有点累但能接受　7　8　9　筋疲力尽

精神状态　[ ] 好　[ ] 一般　[ ] 不好

训练前一晚睡眠　[ ] 好　[ ] 一般　[ ] 不好

训练后食欲　[ ] 好　[ ] 一般　[ ] 不好

训练时排汗量　[ ] 少　[ ] 一般　[ ] 多

你的感受______________________________

每日一问

马拉松比赛中的抽筋是由于电解质丢失引起的吗?

马拉松比赛中的抽筋与电解质丢失有关，但这不是主要原因。抽筋本质是肌肉过度疲劳的表现，说白了就是能力不够。加强能力训练，才能有效避免抽筋。

星 期 四

4 月 9 日
庚子年三月十七

训练日记

TRAINING DIARY

跑步训练 [ ]　　跑步时长______时______分　距离______公里

其他运动 [ ]　　____________________

训练主观参数

SUBJECTIVE PARAMETERS

疲劳程度______分　1~10 分，1 分代表根本不疲劳，10 分代表筋疲力尽。

根本不疲劳　2　3　4　有点累但能接受　7　8　9　筋疲力尽

精神状态　[ ] 好　[ ] 一般　[ ] 不好

训练前一晚睡眠　[ ] 好　[ ] 一般　[ ] 不好

训练后食欲　[ ] 好　[ ] 一般　[ ] 不好

训练时排汗量　[ ] 少　[ ] 一般　[ ] 多

你的感受____________________

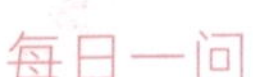

为什么跑步之前一定要做热身？

跑前热身可以升高体温、调动心肺、激活肌肉、兴奋大脑和促进散热。正确的跑前热身由原地慢跑、肌肉动态拉伸、肌肉激活 3 部分构成。

星 期 五

4 月 10 日
庚子年三月十八

训练日记

TRAINING DIARY

跑步训练 [ ]　　跑步时长______时______分　距离______公里

其他运动 [ ]　　______________________

训练主观参数

SUBJECTIVE PARAMETERS

疲劳程度______分　1~10 分，1 分代表根本不疲劳，10 分代表筋疲力尽。

根本不疲劳　2　3　4　有点累但能接受　7　8　9　筋疲力尽

精神状态	[ ] 好	[ ] 一般	[ ] 不好
训练前一晚睡眠	[ ] 好	[ ] 一般	[ ] 不好
训练后食欲	[ ] 好	[ ] 一般	[ ] 不好
训练时排汗量	[ ] 少	[ ] 一般	[ ] 多

你的感受______________________

每周跑步累计跑多久就够了？

每周跑步 3 次，每次 20~25 分钟左右，一周累计 75 分钟跑步，是保持健康所需要的基本跑量。从这个意义上说，隔一天跑就已经足够好了。

星 期 六

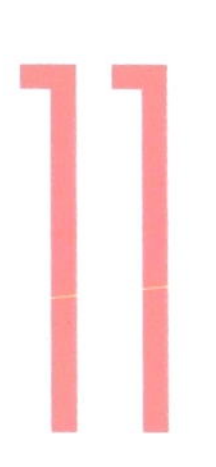

4 月 11 日
庚子年三月十九

训练日记

TRAINING DIARY

跑步训练 [ ]　　跑步时长______时______分　距离______公里

其他运动 [ ]　　______________________

训练主观参数

SUBJECTIVE PARAMETERS

疲劳程度______分　1~10 分，1 分代表根本不疲劳，10 分代表筋疲力尽。

根本不疲劳　2　3　4　有点累但能接受　7　8　9　筋疲力尽

精神状态	[ ] 好	[ ] 一般	[ ] 不好
训练前一晚睡眠	[ ] 好	[ ] 一般	[ ] 不好
训练后食欲	[ ] 好	[ ] 一般	[ ] 不好
训练时排汗量	[ ] 少	[ ] 一般	[ ] 多

你的感受______________________

马拉松赛后需要休息多长时间？

大多数教练和精英运动员建议你在跑完全马后应该至少休息 1 周。如果你对跑步太过渴望的话，你可以在 1 周后尝试轻松地慢跑。注意这里慢跑不是排酸跑。

星 期 日

4 月 12 日
庚子年三月二十

训练日记

TRAINING DIARY

跑步训练 [ ]　　跑步时长______时______分　距离______公里

其他运动 [ ]　　______________________

训练主观参数

SUBJECTIVE PARAMETERS

疲劳程度______分　1~10 分，1 分代表根本不疲劳，10 分代表筋疲力尽。

根本不疲劳　2　3　4　有点累但能接受　7　8　9　筋疲力尽

精神状态	[ ] 好	[ ] 一般	[ ] 不好
训练前一晚睡眠	[ ] 好	[ ] 一般	[ ] 不好
训练后食欲	[ ] 好	[ ] 一般	[ ] 不好
训练时排汗量	[ ] 少	[ ] 一般	[ ] 多

你的感受______________________

每日一问

在马拉松比赛中一路吃喝可以预防抽筋和“撞墙”吗？

在一场马拉松比赛中即使严格进行补给，往往也并不能完全补充身体丢失的盐分。在比赛结束后进食，才是补充电解质丢失最主要的渠道。预防抽筋和“撞墙”应主要靠加强训练来实现。

星 期 一

13

4 月 13 日
庚子年三月廿一

训练日记

TRAINING DIARY

跑步训练 [ ]　　跑步时长______时______分　距离______公里

其他运动 [ ]　　____________________

训练主观参数

SUBJECTIVE PARAMETERS

疲劳程度______分　1~10 分，1 分代表根本不疲劳，10 分代表筋疲力尽。

根本不疲劳　2　3　4　有点累但能接受　7　8　9　筋疲力尽

精神状态　[ ] 好　[ ] 一般　[ ] 不好

训练前一晚睡眠　[ ] 好　[ ] 一般　[ ] 不好

训练后食欲　[ ] 好　[ ] 一般　[ ] 不好

训练时排汗量　[ ] 少　[ ] 一般　[ ] 多

你的感受____________________

每日一问

减肥人群应如何进行力量训练？

对于减肥人群来说，力量训练需要每周进行2~3次，每次8~10个动作，每个动作2~3组，持续40分钟至1小时。

星 期 二

14

4 月 14 日
庚子年三月廿二

训练日记

TRAINING DIARY

跑步训练 [ ]　　跑步时长______时______分　距离______公里

其他运动 [ ]　　______________________

训练主观参数

SUBJECTIVE PARAMETERS

疲劳程度______分　1~10 分，1 分代表根本不疲劳，10 分代表筋疲力尽。

根本不疲劳　2　3　4　有点累但能接受　7　8　9　筋疲力尽

精神状态	[ ] 好	[ ] 一般	[ ] 不好
训练前一晚睡眠	[ ] 好	[ ] 一般	[ ] 不好
训练后食欲	[ ] 好	[ ] 一般	[ ] 不好
训练时排汗量	[ ] 少	[ ] 一般	[ ] 多

你的感受______________________

跑步会把腿练粗吗？

当然不会。跑步是有氧运动，不会使肌肉明显增粗。你见过哪个马拉松运动员腿很粗的？实际上，通过跑步时的脂肪燃烧腿还会变得更细一些。

星 期 三

15

4 月 15 日
庚子年三月廿三

训练日记

TRAINING DIARY

跑步训练 [ ] 跑步时长______时______分 距离______公里

其他运动 [ ] ____________________

训练主观参数

SUBJECTIVE PARAMETERS

疲劳程度______分 1~10 分，1 分代表根本不疲劳，10 分代表筋疲力尽。

根本不疲劳 2 3 4 有点累但能接受 7 8 9 筋疲力尽

精神状态	[ ] 好	[ ] 一般	[ ] 不好
训练前一晚睡眠	[ ] 好	[ ] 一般	[ ] 不好
训练后食欲	[ ] 好	[ ] 一般	[ ] 不好
训练时排汗量	[ ] 少	[ ] 一般	[ ] 多

你的感受____________________

跑步可以让寿命变长吗?

寿命受到很多因素影响。跑步可以有效提升健康水平，减少慢性疾病发生，而减少疾病发生相当于延长了健康寿命。跑步即使不能让你延长寿命，也能让你高质量地享受每一天。

星 期 四

16

4 月 16 日
庚子年三月廿四

训练日记

TRAINING DIARY

跑步训练 [ ]　　跑步时长______时______分　距离______公里

其他运动 [ ]　　____________________

训练主观参数

SUBJECTIVE PARAMETERS

疲劳程度______分　1~10 分，1 分代表根本不疲劳，10 分代表筋疲力尽。

根本不疲劳　2　3　4　有点累但能接受　7　8　9　筋疲力尽

精神状态　[ ] 好　[ ] 一般　[ ] 不好

训练前一晚睡眠　[ ] 好　[ ] 一般　[ ] 不好

训练后食欲　[ ] 好　[ ] 一般　[ ] 不好

训练时排汗量　[ ] 少　[ ] 一般　[ ] 多

你的感受____________________

为什么很多人运动了但没有实现减肥？

主要有两个原因。一是运动量不够，二是运动后吃得更多了。

星 期 五

17

4 月 17 日
庚子年三月廿五

训练日记

TRAINING DIARY

跑步训练 [ ]　　跑步时长______时______分　距离______公里

其他运动 [ ]　　______________________

训练主观参数

SUBJECTIVE PARAMETERS

疲劳程度______分　1~10 分，1 分代表根本不疲劳，10 分代表筋疲力尽。

根本不疲劳　2　3　4　有点累但能接受　7　8　9　筋疲力尽

精神状态　[ ] 好　[ ] 一般　[ ] 不好

训练前一晚睡眠　[ ] 好　[ ] 一般　[ ] 不好

训练后食欲　[ ] 好　[ ] 一般　[ ] 不好

训练时排汗量　[ ] 少　[ ] 一般　[ ] 多

你的感受______________________

练习跑步，需要训练上肢吗？

上肢摆臂发挥着重要的协调平衡作用。摆臂越有力跑得越快。跑者不能忽视上肢训练，俯卧撑是训练上肢力量最有效的方法之一。

星 期 六

18

4 月 18 日
庚子年三月廿六

训练日记

TRAINING DIARY

跑步训练 [ ]　　跑步时长______时______分　距离______公里

其他运动 [ ]　　____________________

训练主观参数

SUBJECTIVE PARAMETERS

疲劳程度______分　1~10 分，1 分代表根本不疲劳，10 分代表筋疲力尽。

根本不疲劳　2　3　4　有点累但能接受　7　8　9　筋疲力尽

精神状态	[ ] 好	[ ] 一般	[ ] 不好
训练前一晚睡眠	[ ] 好	[ ] 一般	[ ] 不好
训练后食欲	[ ] 好	[ ] 一般	[ ] 不好
训练时排汗量	[ ] 少	[ ] 一般	[ ] 多

你的感受____________________

每日一问

跑量增长过快好吗？

一般认为周跑量增长10%~20%是相对安全的。周跑量增长达到 50% 是一个危险信号，超过60% 则受伤风险很大，这会导致跑量与身体能力不匹配，负荷超出身体承受能力。

星 期 日

•谷 雨•

4 月 19 日
庚子年三月廿七

训练日记

TRAINING DIARY

跑步训练 [ ]　　跑步时长______时______分　距离______公里

其他运动 [ ]　　____________________

训练主观参数

SUBJECTIVE PARAMETERS

疲劳程度______分　1~10 分，1 分代表根本不疲劳，10 分代表筋疲力尽。

根本不疲劳　2　3　4　有点累但能接受　7　8　9　筋疲力尽

精神状态　[ ] 好　[ ] 一般　[ ] 不好

训练前一晚睡眠　[ ] 好　[ ] 一般　[ ] 不好

训练后食欲　[ ] 好　[ ] 一般　[ ] 不好

训练时排汗量　[ ] 少　[ ] 一般　[ ] 多

你的感受________________________________

每日一问

为什么睡眠不足容易长胖?

睡眠不足的人更容易长胖，同时也会让减肥事倍功半。因为睡眠时间不足不利于瘦素分泌，睡得晚还会导致更容易吃宵夜。所以保持充足睡眠对于减肥是必不可少的。

星　期　一

4 月 20 日
庚子年三月廿八

训练日记

TRAINING DIARY

跑步训练 [ ]　　跑步时长______时______分　距离______公里

其他运动 [ ]　　______________________

训练主观参数

SUBJECTIVE PARAMETERS

疲劳程度______分　1~10 分，1 分代表根本不疲劳，10 分代表筋疲力尽。

根本不疲劳　2　3　4　有点累但能接受　7　8　9　筋疲力尽

精神状态	[ ] 好	[ ] 一般	[ ] 不好
训练前一晚睡眠	[ ] 好	[ ] 一般	[ ] 不好
训练后食欲	[ ] 好	[ ] 一般	[ ] 不好
训练时排汗量	[ ] 少	[ ] 一般	[ ] 多

你的感受______________________

每日一问

经常跑步的人日常应如何注意膝关节的保养?

循序渐进地跑步，避免跑量增长过快，注意形成合理的跑姿，加强力量训练，重视跑前热身和跑后恢复，并且没有做好准备的话不要跑马拉松。

星 期 二

4 月 21 日
庚子年三月廿九

训练日记

TRAINING DIARY

跑步训练 [ ]　　跑步时长______时______分　距离______公里

其他运动 [ ]　　____________________

训练主观参数

SUBJECTIVE PARAMETERS

疲劳程度______分　1~10 分，1 分代表根本不疲劳，10 分代表筋疲力尽。

根本不疲劳　2　3　4　有点累但能接受　7　8　9　筋疲力尽

精神状态　[ ] 好　[ ] 一般　[ ] 不好

训练前一晚睡眠　[ ] 好　[ ] 一般　[ ] 不好

训练后食欲　[ ] 好　[ ] 一般　[ ] 不好

训练时排汗量　[ ] 少　[ ] 一般　[ ] 多

你的感受____________________

每日一问

跑步可以缓解焦虑吗?

跑步不仅可以减少焦虑，对于慢性焦虑也能有很好的改善作用。慢性焦虑算不上焦虑症，但又是一种不良情绪，这是很多人普遍存在的状态。

星 期 三

22

4 月 22 日
庚子年三月三十

训练日记

TRAINING DIARY

跑步训练 [ ]　　跑步时长______时______分　距离______公里

其他运动 [ ]　　____________________

训练主观参数

SUBJECTIVE PARAMETERS

疲劳程度______分　1~10 分，1 分代表根本不疲劳，10 分代表筋疲力尽。

根本不疲劳　2　3　4　有点累但能接受　7　8　9　筋疲力尽

精神状态	[ ] 好	[ ] 一般	[ ] 不好
训练前一晚睡眠	[ ] 好	[ ] 一般	[ ] 不好
训练后食欲	[ ] 好	[ ] 一般	[ ] 不好
训练时排汗量	[ ] 少	[ ] 一般	[ ] 多

你的感受____________________

跑步时为什么保持躯干稳定很重要?

跑步时躯干保持稳定很重要，这为上肢摆臂、下肢摆腿创造了稳定的支点，减少了力量损失。但跑步时躯干可以产生轻度的左右旋转。

星　期　四

4 月 23 日
庚子年四月初一

训练日记

TRAINING DIARY

跑步训练 [ ]　　跑步时长______时______分　距离______公里

其他运动 [ ]　　______________________

训练主观参数

SUBJECTIVE PARAMETERS

疲劳程度______分　1~10 分，1 分代表根本不疲劳，10 分代表筋疲力尽。

根本不疲劳　2　3　4　有点累但能接受　7　8　9　筋疲力尽

精神状态　[ ] 好　[ ] 一般　[ ] 不好

训练前一晚睡眠　[ ] 好　[ ] 一般　[ ] 不好

训练后食欲　[ ] 好　[ ] 一般　[ ] 不好

训练时排汗量　[ ] 少　[ ] 一般　[ ] 多

你的感受______________________

每日一问

跑步会掉肌肉吗？

不会。跑步时主要是糖和脂肪提供能量，肌肉蛋白分解很有限，跑步会形成特定的肌肉类型，即慢肌纤维比例较高，而这种肌肉类型并不会表现为肌肉体积很大，所以跑者一般看起来比较瘦。

星 期 五

24

4 月 24 日
庚子年四月初二

训练日记

TRAINING DIARY

跑步训练 [ ]　　跑步时长______时______分　距离______公里

其他运动 [ ]　　______________________

训练主观参数

SUBJECTIVE PARAMETERS

疲劳程度______分　1~10 分，1 分代表根本不疲劳，10 分代表筋疲力尽。

根本不疲劳　2　3　4　有点累但能接受　7　8　9　筋疲力尽

精神状态	[ ] 好	[ ] 一般	[ ] 不好
训练前一晚睡眠	[ ] 好	[ ] 一般	[ ] 不好
训练后食欲	[ ] 好	[ ] 一般	[ ] 不好
训练时排汗量	[ ] 少	[ ] 一般	[ ] 多

你的感受______________________

每日一问

有扁平足的人适合跑步吗?

有扁平足的人由于足弓有塌陷，足踝、小腿在跑步过程中容易受到较大负荷而出现疲劳或者更加容易受伤。有扁平足的人可以通过加强肌肉力量训练代偿足弓塌陷。所以，扁平足人群可以跑步，一些马拉松运动员也是扁平足。

星 期 六

4 月 25 日
庚子年四月初三

训练日记

TRAINING DIARY

跑步训练 [ ]　　跑步时长______时______分　距离______公里

其他运动 [ ]　　________________________

训练主观参数

SUBJECTIVE PARAMETERS

疲劳程度______分　1~10 分，1 分代表根本不疲劳，10 分代表筋疲力尽。

根本不疲劳　2　3　4　有点累但能接受　7　8　9　筋疲力尽

精神状态　[ ] 好　[ ] 一般　[ ] 不好

训练前一晚睡眠　[ ] 好　[ ] 一般　[ ] 不好

训练后食欲　[ ] 好　[ ] 一般　[ ] 不好

训练时排汗量　[ ] 少　[ ] 一般　[ ] 多

你的感受________________________________

每日一问

什么是“血糖指数”？

血糖指数（Glycemic Index，GI）代表的是进食之后血糖波动的快慢。以喝下 100 毫升糖水后，血糖增加的程度定为 100，摄入低血糖指数的食物比如粗杂粮、水果比摄入高血糖指数食物比如精制主食、糖果甜点更健康一些。

星 期 日

26

4 月 26 日
庚子年四月初四

训练日记

TRAINING DIARY

跑步训练 [ ]　　跑步时长______时______分　距离______公里

其他运动 [ ]　　______________________

训练主观参数

SUBJECTIVE PARAMETERS

疲劳程度______分　1~10 分，1 分代表根本不疲劳，10 分代表筋疲力尽。

根本不疲劳　2　3　4　有点累但能接受　7　8　9　筋疲力尽

精神状态	[ ] 好	[ ] 一般	[ ] 不好
训练前一晚睡眠	[ ] 好	[ ] 一般	[ ] 不好
训练后食欲	[ ] 好	[ ] 一般	[ ] 不好
训练时排汗量	[ ] 少	[ ] 一般	[ ] 多

你的感受______________________

每日一问

什么是跑前肌肉的“激活后增强效应”？

跑前可以做做下蹲、弓箭步等力量训练动作来热身，以达到激活肌肉的作用，专业术语称之为“激活后增强效应(post-activation potentiation)”。

星 期 一

4 月 27 日
庚子年四月初五

27

训练日记

TRAINING DIARY

跑步训练 [ ]　　跑步时长______时______分　距离______公里

其他运动 [ ]　　____________________

训练主观参数

SUBJECTIVE PARAMETERS

疲劳程度______分　1~10 分，1 分代表根本不疲劳，10 分代表筋疲力尽。

根本不疲劳　2　3　4　有点累但能接受　7　8　9　筋疲力尽

精神状态	[ ] 好	[ ] 一般	[ ] 不好
训练前一晚睡眠	[ ] 好	[ ] 一般	[ ] 不好
训练后食欲	[ ] 好	[ ] 一般	[ ] 不好
训练时排汗量	[ ] 少	[ ] 一般	[ ] 多

你的感受____________________

每日一问

减肥为什么很难?

减肥是一件极其讲究技巧的事情，并且还是一件花钱费时间的技术活儿。希望速成和蛮干是导致减肥失败的主要原因。

星 期 二

28

4 月 28 日
庚子年四月初六

训练日记

TRAINING DIARY

跑步训练 [ ]　　跑步时长______时______分　距离______公里

其他运动 [ ]　　______________________

训练主观参数

SUBJECTIVE PARAMETERS

疲劳程度______分　1~10 分，1 分代表根本不疲劳，10 分代表筋疲力尽。

根本不疲劳　2　3　4　有点累但能接受　7　8　9　筋疲力尽

精神状态　[ ] 好　[ ] 一般　[ ] 不好

训练前一晚睡眠　[ ] 好　[ ] 一般　[ ] 不好

训练后食欲　[ ] 好　[ ] 一般　[ ] 不好

训练时排汗量　[ ] 少　[ ] 一般　[ ] 多

你的感受______________________

每日一问

跑步常用的压缩装备包括哪些？

跑步常用的压缩装备包括压缩臂套、压缩衣、压缩裤、压缩袜、压缩腿套等。最常用的要数压缩袜和压缩腿套了。

星 期 三

29

4 月 29 日
庚子年四月初七

训练日记

TRAINING DIARY

跑步训练 [ ]　　跑步时长______时______分　距离______公里

其他运动 [ ]　　____________________

训练主观参数

SUBJECTIVE PARAMETERS

疲劳程度______分　1~10 分，1 分代表根本不疲劳，10 分代表筋疲力尽。

根本不疲劳　2　3　4　有点累但能接受　7　8　9　筋疲力尽

精神状态	[ ] 好	[ ] 一般	[ ] 不好
训练前一晚睡眠	[ ] 好	[ ] 一般	[ ] 不好
训练后食欲	[ ] 好	[ ] 一般	[ ] 不好
训练时排汗量	[ ] 少	[ ] 一般	[ ] 多

你的感受____________________________________

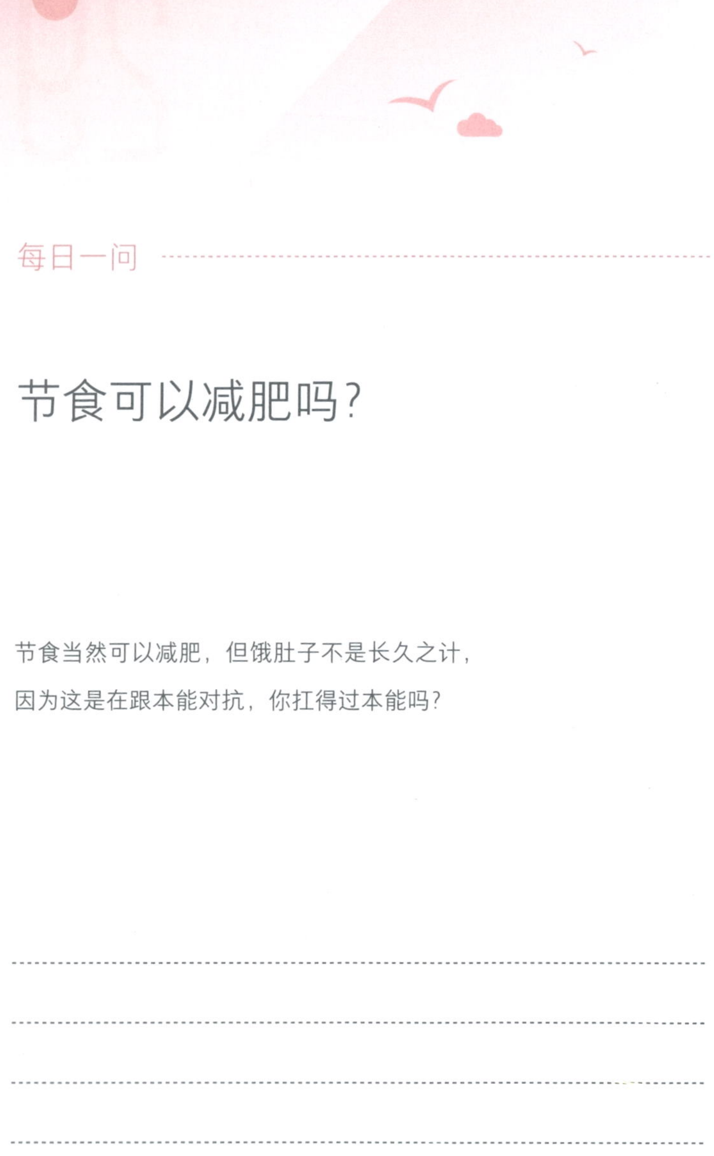

每日一问

节食可以减肥吗？

节食当然可以减肥，但饿肚子不是长久之计，
因为这是在跟本能对抗，你扛得过本能吗？

星 期 四

30

4 月 30 日
庚子年四月初八

训练日记

TRAINING DIARY

跑步训练 [ ]　　跑步时长______时______分　距离______公里

其他运动 [ ]　　______________________

训练主观参数

SUBJECTIVE PARAMETERS

疲劳程度______分　1~10 分，1 分代表根本不疲劳，10 分代表筋疲力尽。

根本不疲劳　2　3　4　有点累但能接受　7　8　9　筋疲力尽

精神状态　[ ] 好　[ ] 一般　[ ] 不好

训练前一晚睡眠　[ ] 好　[ ] 一般　[ ] 不好

训练后食欲　[ ] 好　[ ] 一般　[ ] 不好

训练时排汗量　[ ] 少　[ ] 一般　[ ] 多

你的感受______________________________

5月

MAY

2020

跑者

日记

RUNNERS

DIARY

每日打卡

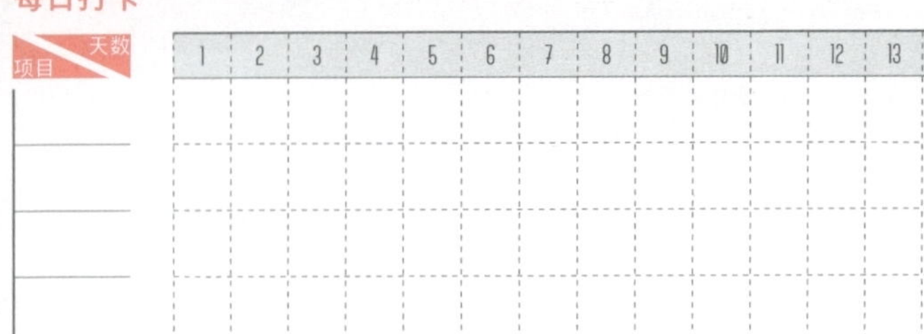

天数 / 项目	1	2	3	4	5	6	7	8	9	10	11	12	13	14	15

每月计划

周日 SUN.	周一 MON.	周二 TUE.	周三 WED.

DAILY ATTENDANCE

16	17	18	19	20	21	22	23	24	25	26	27	28	29	30	31

MONTHLY PLAN

周四 THUR.	周五 FRI.	周六 SAT.

5

MAY

月度总结

MONTHLY SUMMARY

每日一问

什么是“心率漂移”？

“心率漂移”是指在速度不变的情况下，心率无法保持稳定，随着距离增加心率逐渐上升的现象。在马拉松比赛后半程，由于疲劳、脱水等原因，相比前半程，跑者会出现明显的心率上升的情况，而心率上升又会进一步加重疲劳，这是很多跑者后半程掉速的重要原因。

星 期 五

• 劳动节 •

5 月 1 日
庚子年四月初九

训练日记

TRAINING DIARY

跑步训练 [ ]　　跑步时长______时______分　距离______公里

其他运动 [ ]　　________________________

训练主观参数

SUBJECTIVE PARAMETERS

疲劳程度______分　1~10 分，1 分代表根本不疲劳，10 分代表筋疲力尽。

根本不疲劳　2　3　4　有点累但能接受　7　8　9　筋疲力尽

精神状态　[ ] 好　[ ] 一般　[ ] 不好

训练前一晚睡眠　[ ] 好　[ ] 一般　[ ] 不好

训练后食欲　[ ] 好　[ ] 一般　[ ] 不好

训练时排汗量　[ ] 少　[ ] 一般　[ ] 多

你的感受________________________

在马拉松比赛中出现哪些症状要立即停下来？

在马拉松比赛过程中，如果发生心慌、胸闷、恶心、呕吐、失去空间方向感、产生幻觉等情况，需要立即停止运动。

星 期 六

5 月 2 日
庚子年四月初十

训练日记

TRAINING DIARY

跑步训练 [ ]　　跑步时长______时______分　距离______公里

其他运动 [ ]　　____________________

训练主观参数

SUBJECTIVE PARAMETERS

疲劳程度______分　1~10 分，1 分代表根本不疲劳，10 分代表筋疲力尽。

根本不疲劳　2　3　4　有点累但能接受　7　8　9　筋疲力尽

精神状态	[ ] 好	[ ] 一般	[ ] 不好
训练前一晚睡眠	[ ] 好	[ ] 一般	[ ] 不好
训练后食欲	[ ] 好	[ ] 一般	[ ] 不好
训练时排汗量	[ ] 少	[ ] 一般	[ ] 多

你的感受____________________

每日一问

真正好的压缩腿套有哪些特点？

真正好的压缩腿套能提供梯度压力，脚踝处的压力要大于膝盖处，这样顺着回心方向压力递减，相当于从外界施加了一个压力，达到促进血液回流的目的。

星　期　日

5 月 3 日
庚子年四月十一

训练日记

TRAINING DIARY

跑步训练 [ ]　　跑步时长______时______分　距离______公里

其他运动 [ ]　　______________________

训练主观参数

SUBJECTIVE PARAMETERS

疲劳程度______分　1~10 分，1 分代表根本不疲劳，10 分代表筋疲力尽。

根本不疲劳　2　3　4　有点累但能接受　7　8　9　筋疲力尽

精神状态　[ ] 好　[ ] 一般　[ ] 不好

训练前一晚睡眠　[ ] 好　[ ] 一般　[ ] 不好

训练后食欲　[ ] 好　[ ] 一般　[ ] 不好

训练时排汗量　[ ] 少　[ ] 一般　[ ] 多

你的感受______________________

每日一问

检查晨脉有什么用？

早晨醒来后在起床前测量一下自己的脉搏，这就是晨脉。晨脉是衡量疲劳恢复情况的简易指标。晨脉一般保持稳定。如果晨脉相比前一天明显加快，比如每分钟增加 8~10 次或更多，说明疲劳没有恢复。

星 期 一

• 五四青年节 •

5 月 4 日
庚子年四月十二

4

训练日记

TRAINING DIARY

跑步训练 [ ]　　跑步时长______时______分　距离______公里

其他运动 [ ]　　________________________

训练主观参数

SUBJECTIVE PARAMETERS

疲劳程度______分　1~10 分，1 分代表根本不疲劳，10 分代表筋疲力尽。

根本不疲劳　2　3　4　有点累但能接受　7　8　9　筋疲力尽

精神状态　[ ] 好　[ ] 一般　[ ] 不好

训练前一晚睡眠　[ ] 好　[ ] 一般　[ ] 不好

训练后食欲　[ ] 好　[ ] 一般　[ ] 不好

训练时排汗量　[ ] 少　[ ] 一般　[ ] 多

你的感受________________________

怎样才能做到吃七八成饱？

所谓吃七八成饱，说白了就是没吃饱，你还想吃一点的程度。但如果你想减肥，你就必须管住嘴巴。

星 期 二

•立 夏•

5 月 5 日
庚子年四月十三

5

训练日记

TRAINING DIARY

跑步训练 [ ] 跑步时长______时______分 距离______公里

其他运动 [ ] ________________________

训练主观参数

SUBJECTIVE PARAMETERS

疲劳程度______分 1~10 分，1 分代表根本不疲劳，10 分代表筋疲力尽。

根本不疲劳 2 3 4 有点累但能接受 7 8 9 筋疲力尽

精神状态 [ ] 好 [ ] 一般 [ ] 不好

训练前一晚睡眠 [ ] 好 [ ] 一般 [ ] 不好

训练后食欲 [ ] 好 [ ] 一般 [ ] 不好

训练时排汗量 [ ] 少 [ ] 一般 [ ] 多

你的感受____

每日一问

比较轻松、不喘气的跑步是不是没效果?

很多跑者误以为轻松跑没效果。其实轻松跑才是跑步的主体，轻松跑可以打下坚实的耐力基础，即便是高水平运动员，也会进行大量轻松跑训练。

星 期 三

6

5 月 6 日
庚子年四月十四

训练日记

TRAINING DIARY

跑步训练 [ ]　　跑步时长______时______分　距离______公里

其他运动 [ ]　　______________________

训练主观参数

SUBJECTIVE PARAMETERS

疲劳程度______分　1~10 分，1 分代表根本不疲劳，10 分代表筋疲力尽。

根本不疲劳　2　3　4　有点累但能接受　7　8　9　筋疲力尽

精神状态　[ ] 好　[ ] 一般　[ ] 不好

训练前一晚睡眠　[ ] 好　[ ] 一般　[ ] 不好

训练后食欲　[ ] 好　[ ] 一般　[ ] 不好

训练时排汗量　[ ] 少　[ ] 一般　[ ] 多

你的感受______________________

跑步后小腿发生疼痛怎么办？

如果发生小腿疼痛，全面放松小腿内侧、外侧、前侧、后侧以及足底，对于改善肌肉弹性，促进血液循环，减轻疼痛很有帮助。除了拉伸，你还可以借助泡沫滚筒或者网球进行肌肉放松。

星 期 四

5 月 7 日
庚子年四月十五

训练日记

TRAINING DIARY

跑步训练 [ ]　　跑步时长______时______分　距离______公里

其他运动 [ ]　　______________________

训练主观参数

SUBJECTIVE PARAMETERS

疲劳程度______分　1~10 分，1 分代表根本不疲劳，10 分代表筋疲力尽。

根本不疲劳　2　3　4　有点累但能接受　7　8　9　筋疲力尽

精神状态	[ ] 好	[ ] 一般	[ ] 不好
训练前一晚睡眠	[ ] 好	[ ] 一般	[ ] 不好
训练后食欲	[ ] 好	[ ] 一般	[ ] 不好
训练时排汗量	[ ] 少	[ ] 一般	[ ] 多

你的感受______________________________

隔天跑步和天天跑步，哪个更好？

只要跑起来就是好的。隔天跑步适合初级跑者，这样不累还有利于消除疲劳；天天跑步适合成熟跑者。这个问题没有标准答案，因人而异。

星 期 五

5 月 8 日
庚子年四月十六

训练日记

TRAINING DIARY

跑步训练 [ ]　　跑步时长______时______分　距离______公里

其他运动 [ ]　　______________________

训练主观参数

SUBJECTIVE PARAMETERS

疲劳程度______分　1~10 分，1 分代表根本不疲劳，10 分代表筋疲力尽。

根本不疲劳　2　3　4　有点累但能接受　7　8　9　筋疲力尽

精神状态	[ ] 好	[ ] 一般	[ ] 不好
训练前一晚睡眠	[ ] 好	[ ] 一般	[ ] 不好
训练后食欲	[ ] 好	[ ] 一般	[ ] 不好
训练时排汗量	[ ] 少	[ ] 一般	[ ] 多

你的感受______________________

每日一问

跑步强度用什么来衡量?

跑步强度通常是以最大心率百分比来衡量的，因此，了解自己的最大心率是设定跑步强度的重要依据。计算最大心率的公式是 220 减去年龄，但这个公式有误差，最好是在实验室来测量最大心率。

星 期 六

9

5 月 9 日
庚子年四月十七

训练日记

TRAINING DIARY

跑步训练 [ ]　　跑步时长______时______分　距离______公里

其他运动 [ ]　　______________________

训练主观参数

SUBJECTIVE PARAMETERS

疲劳程度______分　1~10 分，1 分代表根本不疲劳，10 分代表筋疲力尽。

根本不疲劳　2　3　4　有点累但能接受　7　8　9　筋疲力尽

精神状态　[ ] 好　[ ] 一般　[ ] 不好

训练前一晚睡眠　[ ] 好　[ ] 一般　[ ] 不好

训练后食欲　[ ] 好　[ ] 一般　[ ] 不好

训练时排汗量　[ ] 少　[ ] 一般　[ ] 多

你的感受______________________________

每日一问

怎样延长跑鞋的使用寿命?

跑鞋的寿命主要是由跑步距离决定的。买两双以上的跑鞋交叉着穿，是延长跑鞋寿命最简单、最直接的方法。

星 期 日

10

5 月 10 日
庚子年四月十八

训练日记

TRAINING DIARY

跑步训练 [ ]　　跑步时长______时______分　距离______公里

其他运动 [ ]　　______________________

训练主观参数

SUBJECTIVE PARAMETERS

疲劳程度______分　1~10 分，1 分代表根本不疲劳，10 分代表筋疲力尽。

根本不疲劳　2　3　4　有点累但能接受　7　8　9　筋疲力尽

精神状态　[ ] 好　[ ] 一般　[ ] 不好

训练前一晚睡眠　[ ] 好　[ ] 一般　[ ] 不好

训练后食欲　[ ] 好　[ ] 一般　[ ] 不好

训练时排汗量　[ ] 少　[ ] 一般　[ ] 多

你的感受______________________

参加马拉松比赛时使用降温海绵的作用是什么？

沾满冰水的海绵是天热跑马拉松时的重要降温工具。用海绵涂抹面部、颈部、肩膀和腋下这些血流量大的部位，可以带来降温效果，并且提神醒脑。

星 期 一

11

5 月 11 日
庚子年四月十九

训练日记

TRAINING DIARY

跑步训练 [ ]　　跑步时长______时______分　距离______公里

其他运动 [ ]　　______________________

训练主观参数

SUBJECTIVE PARAMETERS

疲劳程度______分　1~10 分，1 分代表根本不疲劳，10 分代表筋疲力尽。

根本不疲劳　2　3　4　有点累但能接受　7　8　9　筋疲力尽

精神状态　[ ] 好　[ ] 一般　[ ] 不好

训练前一晚睡眠　[ ] 好　[ ] 一般　[ ] 不好

训练后食欲　[ ] 好　[ ] 一般　[ ] 不好

训练时排汗量　[ ] 少　[ ] 一般　[ ] 多

你的感受______________________

每日一问

应该如何做间歇跑训练?

间歇跑一般采用 2~5 分钟为 1 组，要求在每组达到本人最大摄氧量水平，或者相当于最大心率 90%~100% 的强度，然后进行同样的 2~5 分钟间歇跑，多组重复进行。

星 期 二

12

5 月 12 日
庚子年四月二十

训练日记

TRAINING DIARY

跑步训练 [ ]　　跑步时长______时______分　距离______公里

其他运动 [ ]　　______________________

训练主观参数

SUBJECTIVE PARAMETERS

疲劳程度______分　1~10 分，1 分代表根本不疲劳，10 分代表筋疲力尽。

根本不疲劳　2　3　4　有点累但能接受　7　8　9　筋疲力尽

精神状态	[ ] 好	[ ] 一般	[ ] 不好
训练前一晚睡眠	[ ] 好	[ ] 一般	[ ] 不好
训练后食欲	[ ] 好	[ ] 一般	[ ] 不好
训练时排汗量	[ ] 少	[ ] 一般	[ ] 多

你的感受______________________

清晨跑步时，空气是好还是差？

大气中氧和二氧化碳浓度基本恒定，不可能发生大幅度波动。植物光合作用对于空气中氧和二氧化碳的影响微乎其微，只要空气质量达标，什么时候运动都行。不达标，什么时候去户外跑步都不好。

星 期 三

13

5 月 13 日
庚子年四月廿一

训练日记

TRAINING DIARY

跑步训练 [ ]　　跑步时长______时______分　距离______公里

其他运动 [ ]　　______________________

训练主观参数

SUBJECTIVE PARAMETERS

疲劳程度______分　1~10 分，1 分代表根本不疲劳，10 分代表筋疲力尽。

根本不疲劳　2　3　4　有点累但能接受　7　8　9　筋疲力尽

精神状态	[ ] 好	[ ] 一般	[ ] 不好
训练前一晚睡眠	[ ] 好	[ ] 一般	[ ] 不好
训练后食欲	[ ] 好	[ ] 一般	[ ] 不好
训练时排汗量	[ ] 少	[ ] 一般	[ ] 多

你的感受______________________

如何准确测量自己的最大心率？

可以采用两种方法。一种是以最快速度完成 3 公里跑，跑完之后的即刻心率就是你的最大心率。另一种方法是完成多组 800 米跑，第 3 个或者第 4 个 800 米跑完后的即刻心率就是你的最大心率。但以上方法不适合初级跑者。

星　期　四

14

5 月 14 日
庚子年四月廿二

训练日记

TRAINING DIARY

跑步训练 [ ]　　跑步时长______时______分　距离______公里

其他运动 [ ]　　________________________

训练主观参数

SUBJECTIVE PARAMETERS

疲劳程度______分　1~10 分，1 分代表根本不疲劳，10 分代表筋疲力尽。

根本不疲劳　2　3　4　有点累但能接受　7　8　9　筋疲力尽

精神状态	[ ] 好	[ ] 一般	[ ] 不好
训练前一晚睡眠	[ ] 好	[ ] 一般	[ ] 不好
训练后食欲	[ ] 好	[ ] 一般	[ ] 不好
训练时排汗量	[ ] 少	[ ] 一般	[ ] 多

你的感受____________________________________

每日一问

跑者需要可穿戴设备吗?

建议购买。心率手表、心率手环等可穿戴设备可以帮助跑者了解自己的实时跑步状态，提示运动风险，可以帮助你更科学地监控跑步。

星 期 五

15

5 月 15 日
庚子年四月廿三

训练日记

TRAINING DIARY

跑步训练 [ ] 跑步时长______时______分 距离______公里

其他运动 [ ] ______________________

训练主观参数

SUBJECTIVE PARAMETERS

疲劳程度______分 1~10 分，1 分代表根本不疲劳，10 分代表筋疲力尽。

根本不疲劳 2 3 4 有点累但能接受 7 8 9 筋疲力尽

精神状态	[ ] 好	[ ] 一般	[ ] 不好
训练前一晚睡眠	[ ] 好	[ ] 一般	[ ] 不好
训练后食欲	[ ] 好	[ ] 一般	[ ] 不好
训练时排汗量	[ ] 少	[ ] 一般	[ ] 多

你的感受______________________

每日一问

跑步是有效的减肥运动吗?

跑步时的能耗是安静时的 8~12 倍，是健走的 2~3 倍。跑步可以有效促进脂肪燃烧，且燃烧效率较高，因此，跑步是最佳的减肥运动之一。

星 期 六

16

5 月 16 日
庚子年四月廿四

训练日记

TRAINING DIARY

跑步训练 [ ]　　跑步时长______时______分　距离______公里

其他运动 [ ]　　____________________

训练主观参数

SUBJECTIVE PARAMETERS

疲劳程度______分　1~10 分，1 分代表根本不疲劳，10 分代表筋疲力尽。

根本不疲劳　2　3　4　有点累但能接受　7　8　9　筋疲力尽

精神状态	[ ] 好	[ ] 一般	[ ] 不好
训练前一晚睡眠	[ ] 好	[ ] 一般	[ ] 不好
训练后食欲	[ ] 好	[ ] 一般	[ ] 不好
训练时排汗量	[ ] 少	[ ] 一般	[ ] 多

你的感受______________________________

夏季跑步还需要做热身吗？

要做。热身可以达到调动心肺、激活肌肉、兴奋大脑、促进散热等作用。不是说天热了你就不需要热身，但可以相应缩短一点热身时间。

星 期 日

17

5 月 17 日
庚子年四月廿五

训练日记

TRAINING DIARY

跑步训练 [ ]　　跑步时长______时______分　距离______公里

其他运动 [ ]　　______________________

训练主观参数

SUBJECTIVE PARAMETERS

疲劳程度______分　1~10 分，1 分代表根本不疲劳，10 分代表筋疲力尽。

根本不疲劳　2　3　4　有点累但能接受　7　8　9　筋疲力尽

精神状态　[ ] 好　[ ] 一般　[ ] 不好

训练前一晚睡眠　[ ] 好　[ ] 一般　[ ] 不好

训练后食欲　[ ] 好　[ ] 一般　[ ] 不好

训练时排汗量　[ ] 少　[ ] 一般　[ ] 多

你的感受______________________

促进恢复的主要措施有哪些？

没有训练就没有疲劳，没有恢复就没有提高。促进恢复的三大基本措施是肌肉放松、均衡膳食和充足睡眠。要高度重视肌肉拉伸放松，同时要摄入充足的蛋白质、碳水化合物以及其他营养素。此外，足够的睡眠也是促进恢复的重要措施。

星 期 一

18

5 月 18 日
庚子年四月廿六

训练日记 TRAINING DIARY

跑步训练 [ ]　　跑步时长______时______分　距离______公里

其他运动 [ ]　　______________________

训练主观参数 SUBJECTIVE PARAMETERS

疲劳程度______分　1~10 分，1 分代表根本不疲劳，10 分代表筋疲力尽。

根本不疲劳　2　3　4　有点累但能接受　7　8　9　筋疲力尽

精神状态	[ ] 好	[ ] 一般	[ ] 不好
训练前一晚睡眠	[ ] 好	[ ] 一般	[ ] 不好
训练后食欲	[ ] 好	[ ] 一般	[ ] 不好
训练时排汗量	[ ] 少	[ ] 一般	[ ] 多

你的感受______________________

每日一问

什么是“步频”？

步频是指每分钟双脚的着地次数。同等速度下，步频越快步幅越小，速度越快步频越高。但不能反过来认为速度慢步频就应该慢。速度慢时也要保持较高步频。

星 期 二

19

5 月 19 日
庚子年四月廿七

训练日记

TRAINING DIARY

跑步训练 [ ]　　跑步时长______时______分　距离______公里

其他运动 [ ]　　______________________

训练主观参数

SUBJECTIVE PARAMETERS

疲劳程度______分　1~10 分，1 分代表根本不疲劳，10 分代表筋疲力尽。

根本不疲劳　2　3　4　有点累但能接受　7　8　9　筋疲力尽

精神状态	[ ] 好	[ ] 一般	[ ] 不好
训练前一晚睡眠	[ ] 好	[ ] 一般	[ ] 不好
训练后食欲	[ ] 好	[ ] 一般	[ ] 不好
训练时排汗量	[ ] 少	[ ] 一般	[ ] 多

你的感受______________________________

每日一问

什么是“做好两个‘250’”？

对于减肥者来说，如果能做到两个“250”就真的很棒了，即每天通过饮食控制减少 250 大卡热量摄入，同时通过运动增加 250 大卡热量消耗。假以时日，减肥效果杠杠的。

星 期 三

• 小 满 •

5 月 20 日
庚子年四月廿八

训练日记

TRAINING DIARY

跑步训练 [ ]　　跑步时长______时______分　距离______公里

其他运动 [ ]　　______________________

训练主观参数

SUBJECTIVE PARAMETERS

疲劳程度______分　1~10 分，1 分代表根本不疲劳，10 分代表筋疲力尽。

根本不疲劳　2　3　4　有点累但能接受　7　8　9　筋疲力尽

精神状态　[ ] 好　[ ] 一般　[ ] 不好

训练前一晚睡眠　[ ] 好　[ ] 一般　[ ] 不好

训练后食欲　[ ] 好　[ ] 一般　[ ] 不好

训练时排汗量　[ ] 少　[ ] 一般　[ ] 多

你的感受______________________

减肥仅仅是为了体形好看一点吗?

肥胖者绝不仅仅是体形不好看，胖了就不大可能健康地活着，这才是最关键的。

星 期 四

21

5 月 21 日
庚子年四月廿九

训练日记

TRAINING DIARY

跑步训练 [ ]　　跑步时长______时______分　距离______公里

其他运动 [ ]　　______________________

训练主观参数

SUBJECTIVE PARAMETERS

疲劳程度______分　1~10 分，1 分代表根本不疲劳，10 分代表筋疲力尽。

根本不疲劳　2　3　4　有点累但能接受　7　8　9　筋疲力尽

精神状态	[ ] 好	[ ] 一般	[ ] 不好
训练前一晚睡眠	[ ] 好	[ ] 一般	[ ] 不好
训练后食欲	[ ] 好	[ ] 一般	[ ] 不好
训练时排汗量	[ ] 少	[ ] 一般	[ ] 多

你的感受______________________

马拉松运动员比赛时为什么都穿着背心和高开衩的短裤？

因为这样充分暴露皮肤，可以有效散热，且服装越轻便越好。

星 期 五

22

5 月 22 日
庚子年四月三十

训练日记

TRAINING DIARY

跑步训练 [ ]　　跑步时长______时______分　距离______公里

其他运动 [ ]　　______________________

训练主观参数

SUBJECTIVE PARAMETERS

疲劳程度______分　1~10 分，1 分代表根本不疲劳，10 分代表筋疲力尽。

根本不疲劳　2　3　4　有点累但能接受　7　8　9　筋疲力尽

精神状态　[ ] 好　[ ] 一般　[ ] 不好

训练前一晚睡眠　[ ] 好　[ ] 一般　[ ] 不好

训练后食欲　[ ] 好　[ ] 一般　[ ] 不好

训练时排汗量　[ ] 少　[ ] 一般　[ ] 多

你的感受______________________

每日一问

是不是越累减肥效果越好？

不完全是。越累，你越难坚持运动。

星 期 六

23

5 月 23 日
庚子年闰四月初一

训练日记

TRAINING DIARY

跑步训练 [ ]　　跑步时长______时______分　距离______公里

其他运动 [ ]　　______________________

训练主观参数

SUBJECTIVE PARAMETERS

疲劳程度______分　1~10 分，1 分代表根本不疲劳，10 分代表筋疲力尽。

根本不疲劳　2　3　4　有点累但能接受　7　8　9　筋疲力尽

精神状态	[ ] 好	[ ] 一般	[ ] 不好
训练前一晚睡眠	[ ] 好	[ ] 一般	[ ] 不好
训练后食欲	[ ] 好	[ ] 一般	[ ] 不好
训练时排汗量	[ ] 少	[ ] 一般	[ ] 多

你的感受______________________

每日一问

以健康为目的的跑步该怎么跑?

以健康为目的的跑步只要进行轻松跑就足够了。跑步时不用跑太快，一定要落实在“轻松”二字上，用心率衡量就是达到最大心率的65%~78%。

星 期 日

24

5 月 24 日
庚子年闰四月初二

训练日记

TRAINING DIARY

跑步训练 [ ]　　跑步时长______时______分　距离______公里

其他运动 [ ]　　______________________

训练主观参数

SUBJECTIVE PARAMETERS

疲劳程度______分　1~10 分，1 分代表根本不疲劳，10 分代表筋疲力尽。

根本不疲劳　2　3　4　有点累但能接受　7　8　9　筋疲力尽

精神状态	[ ] 好	[ ] 一般	[ ] 不好
训练前一晚睡眠	[ ] 好	[ ] 一般	[ ] 不好
训练后食欲	[ ] 好	[ ] 一般	[ ] 不好
训练时排汗量	[ ] 少	[ ] 一般	[ ] 多

你的感受______________________

每日一问

节食减肥的主要问题是什么？

节食减肥会引起基础代谢下降、情绪糟糕，一旦恢复正常饮食体重又会迅速反弹。这是节食减肥的问题所在。

星 期 一

5 月 25 日

庚子年闰四月初三

训练日记

TRAINING DIARY

跑步训练 [ ]　　跑步时长______时______分　距离______公里

其他运动 [ ]　　______________________

训练主观参数

SUBJECTIVE PARAMETERS

疲劳程度______分　1~10 分，1 分代表根本不疲劳，10 分代表筋疲力尽。

根本不疲劳　2　3　4　有点累但能接受　7　8　9　筋疲力尽

精神状态	[ ] 好	[ ] 一般	[ ] 不好
训练前一晚睡眠	[ ] 好	[ ] 一般	[ ] 不好
训练后食欲	[ ] 好	[ ] 一般	[ ] 不好
训练时排汗量	[ ] 少	[ ] 一般	[ ] 多

你的感受______________________

每日一问

水煮鸡胸肉、水煮西蓝花等是健康饮食吗？

当然是的，这对于减肥很有帮助，但天天这样吃你很快就会感觉难以下咽。

星 期 二

5 月 26 日
庚子年闰四月初四

训练日记

TRAINING DIARY

跑步训练 [ ]　　跑步时长______时______分　距离______公里

其他运动 [ ]　　____________________

训练主观参数

SUBJECTIVE PARAMETERS

疲劳程度______分　1~10 分，1 分代表根本不疲劳，10 分代表筋疲力尽。

根本不疲劳　2　3　4　有点累但能接受　7　8　9　筋疲力尽

精神状态　[ ] 好　[ ] 一般　[ ] 不好

训练前一晚睡眠　[ ] 好　[ ] 一般　[ ] 不好

训练后食欲　[ ] 好　[ ] 一般　[ ] 不好

训练时排汗量　[ ] 少　[ ] 一般　[ ] 多

你的感受____________________

每日一问

提高心肺功能对于我们有什么意义？

心肺功能可以让我们持续有效地工作，并且可以帮助我们从疲劳中更快恢复过来。

星 期 三

27

5 月 27 日
庚子年闰四月初五

训练日记

TRAINING DIARY

跑步训练 [ ]　　跑步时长______时______分　距离______公里

其他运动 [ ]　　______________________

训练主观参数

SUBJECTIVE PARAMETERS

疲劳程度______分　1~10 分，1 分代表根本不疲劳，10 分代表筋疲力尽。

根本不疲劳　2　3　4　有点累但能接受　7　8　9　筋疲力尽

精神状态	[ ] 好	[ ] 一般	[ ] 不好
训练前一晚睡眠	[ ] 好	[ ] 一般	[ ] 不好
训练后食欲	[ ] 好	[ ] 一般	[ ] 不好
训练时排汗量	[ ] 少	[ ] 一般	[ ] 多

你的感受______________________

每日一问

晚餐只吃水果能减肥吗?

当然能!问题是你准备坚持多长时间。1个月?3个月?还是1年?这样做并不具备长期可操作性,且容易造成营养素摄入不均衡。

星 期 四

5 月 28 日
庚子年闰四月初六

训练日记

TRAINING DIARY

跑步训练 [ ]　　跑步时长______时______分　距离______公里

其他运动 [ ]　　______________________

训练主观参数

SUBJECTIVE PARAMETERS

疲劳程度______分　1~10 分，1 分代表根本不疲劳，10 分代表筋疲力尽。

根本不疲劳　2　3　4　有点累但能接受　7　8　9　筋疲力尽

精神状态　[ ] 好　[ ] 一般　[ ] 不好

训练前一晚睡眠　[ ] 好　[ ] 一般　[ ] 不好

训练后食欲　[ ] 好　[ ] 一般　[ ] 不好

训练时排汗量　[ ] 少　[ ] 一般　[ ] 多

你的感受______________________

每日一问

室内跑步机训练比室外路跑更容易伤膝盖？

这种说法是没有科学依据的。没有证据表明跑步机运动比室外路跑运动更伤膝盖。

星 期 五

29

5 月 29 日
庚子年闰四月初七

训练日记

TRAINING DIARY

跑步训练 [ ]　　跑步时长______时______分　距离______公里

其他运动 [ ]　　______________________

训练主观参数

SUBJECTIVE PARAMETERS

疲劳程度______分　1~10 分，1 分代表根本不疲劳，10 分代表筋疲力尽。

根本不疲劳　2　3　4　有点累但能接受　7　8　9　筋疲力尽

精神状态　[ ] 好　[ ] 一般　[ ] 不好

训练前一晚睡眠　[ ] 好　[ ] 一般　[ ] 不好

训练后食欲　[ ] 好　[ ] 一般　[ ] 不好

训练时排汗量　[ ] 少　[ ] 一般　[ ] 多

你的感受______________________

每日一问

资深跑者为什么常受到跟腱痛的影响？

有研究结果显示在马拉松比赛结束后，跑者跟腱被显著拉长，同时也明显变细，这预示着跟腱发生了疲劳。资深跑者跑量较大，相对来说更容易发生跟腱病。

星　期　六

5 月 30 日
庚子年闰四月初八

训练日记

TRAINING DIARY

跑步训练 [ ]　　跑步时长______时______分　距离______公里

其他运动 [ ]　　______________________

训练主观参数

SUBJECTIVE PARAMETERS

疲劳程度______分　1~10 分，1 分代表根本不疲劳，10 分代表筋疲力尽。

根本不疲劳　2　3　4　有点累但能接受　7　8　9　筋疲力尽

精神状态	[ ] 好	[ ] 一般	[ ] 不好
训练前一晚睡眠	[ ] 好	[ ] 一般	[ ] 不好
训练后食欲	[ ] 好	[ ] 一般	[ ] 不好
训练时排汗量	[ ] 少	[ ] 一般	[ ] 多

你的感受______________________

经常听到的神奇减肥案例可信吗？

个体减肥的神奇案例听听就罢了，遵循科学原理才能帮助大多数人成功减肥。永远相信科学，不要轻易听信别人的减肥秘诀。因为个体差异极大，只有“运动 + 控制饮食”才是绝大多数人有效减肥和长期保持健康体重的王道。

星 期 日

31

5 月 31 日
庚子年闰四月初九

训练日记

TRAINING DIARY

跑步训练 [ ]　　跑步时长______时______分　距离______公里

其他运动 [ ]　　______________________

训练主观参数

SUBJECTIVE PARAMETERS

疲劳程度______分　1~10 分，1 分代表根本不疲劳，10 分代表筋疲力尽。

根本不疲劳　2　3　4　有点累但能接受　7　8　9　筋疲力尽

精神状态	[ ] 好	[ ] 一般	[ ] 不好
训练前一晚睡眠	[ ] 好	[ ] 一般	[ ] 不好
训练后食欲	[ ] 好	[ ] 一般	[ ] 不好
训练时排汗量	[ ] 少	[ ] 一般	[ ] 多

你的感受______________________________

6 月

2020

跑者

日记

RUNNER'S

DIARY

JUN.

每日打卡

1	2	3	4	5	6	7	8	9	10	11	12	13	14	15

每月计划

周日 SUN.	周一 MON.	周二 TUE.	周三 WED.

DAILY ATTENDANCE

16	17	18	19	20	21	22	23	24	25	26	27	28	29	30	

MONTHLY PLAN

周四 THUR.	周五 FRI.	周六 SAT.

6

JUN.

月度总结

MONTHLY SUMMARY

每日一问

小腿骨发生疼痛是怎么一回事？

跑者发生的小腿骨疼痛专业术语称为“小腿胫骨应力综合征”，严重的可能引发疲劳性骨折。小腿胫骨应力综合征原因复杂，可能与过度负荷、异常受力有关。

星 期 一

•儿童节•

6 月 1 日
庚子年闰四月初十

1

训练日记

TRAINING DIARY

跑步训练 [ ]　　跑步时长______时______分　距离______公里

其他运动 [ ]　　________________________

训练主观参数

SUBJECTIVE PARAMETERS

疲劳程度______分　1~10 分，1 分代表根本不疲劳，10 分代表筋疲力尽。

根本不疲劳　2　3　4　有点累但能接受　7　8　9　筋疲力尽

精神状态　[ ] 好　[ ] 一般　[ ] 不好

训练前一晚睡眠　[ ] 好　[ ] 一般　[ ] 不好

训练后食欲　[ ] 好　[ ] 一般　[ ] 不好

训练时排汗量　[ ] 少　[ ] 一般　[ ] 多

你的感受________________________

每日一问

衡量胖瘦最简单实用的指标是什么？

衡量胖瘦最简单实用的指标是BMI，其计算公式为体重/（身高 × 身高），其单位分别是千克和米。BMI < 18.5说明体重过低，18.5 ≤ BMI < 24说明体重正常，24 ≤ BMI < 28说明已经超重，BMI ≥ 28就是肥胖了。

星 期 二

6 月 2 日
庚子年闰四月十一

2

训练日记

TRAINING DIARY

跑步训练 [ ]　　跑步时长______时______分　距离______公里

其他运动 [ ]　　____________________

训练主观参数

SUBJECTIVE PARAMETERS

疲劳程度______分　1~10 分，1 分代表根本不疲劳，10 分代表筋疲力尽。

根本不疲劳　2　3　4　有点累但能接受　7　8　9　筋疲力尽

精神状态　[ ] 好　[ ] 一般　[ ] 不好

训练前一晚睡眠　[ ] 好　[ ] 一般　[ ] 不好

训练后食欲　[ ] 好　[ ] 一般　[ ] 不好

训练时排汗量　[ ] 少　[ ] 一般　[ ] 多

你的感受________________________________

每日一问

什么是“跟趾落差”？

跑鞋脚跟处的高度通常会略高于前脚掌的高度，脚跟与脚趾头的高度差即“跟趾落差”。现代跑鞋的跟趾落差往往被设计为 4~8 毫米，这样有利于快速滚动着地，减少对于跟腱的牵拉。

星 期 三

3

6 月 3 日
庚子年闰四月十二

训练日记 TRAINING DIARY

跑步训练 [ ] 跑步时长______时______分 距离______公里

其他运动 [ ] ______________________

训练主观参数 SUBJECTIVE PARAMETERS

疲劳程度______分 1~10 分，1 分代表根本不疲劳，10 分代表筋疲力尽。

根本不疲劳 2 3 4 有点累但能接受 7 8 9 筋疲力尽

精神状态 [ ] 好 [ ] 一般 [ ] 不好

训练前一晚睡眠 [ ] 好 [ ] 一般 [ ] 不好

训练后食欲 [ ] 好 [ ] 一般 [ ] 不好

训练时排汗量 [ ] 少 [ ] 一般 [ ] 多

你的感受______________________

减少摄入和增加消耗哪个更容易做到?

对于大多数人而言，减少摄入比增加消耗更容易做到。减肥得靠热量亏空。总得来说，控制饮食的减肥效果略优于运动，因为管住嘴可以明显减少热量摄入，而通过运动消耗热量相比起来更困难一些。少吃 200 大卡很容易实现，但消耗 200 大卡怎么也得运动 15~20 分钟。

星 期 四

4

6 月 4 日
庚子年闰四月十三

训练日记

TRAINING DIARY

跑步训练 [ ]　　跑步时长______时______分　距离______公里

其他运动 [ ]　　________________________

训练主观参数

SUBJECTIVE PARAMETERS

疲劳程度______分　1~10 分，1 分代表根本不疲劳，10 分代表筋疲力尽。

根本不疲劳　2　3　4　有点累但能接受　7　8　9　筋疲力尽

精神状态　[ ] 好　[ ] 一般　[ ] 不好

训练前一晚睡眠　[ ] 好　[ ] 一般　[ ] 不好

训练后食欲　[ ] 好　[ ] 一般　[ ] 不好

训练时排汗量　[ ] 少　[ ] 一般　[ ] 多

你的感受________________________

每日一问

在马拉松比赛中出现“撞墙”是由糖原耗竭引起的吗?

“撞墙”是由于体力不支、糖原消耗、肌肉疲劳、身体脱水、中枢疲劳、体温升高等一系列综合因素作用的结果，其中中枢疲劳扮演重要角色。“撞墙”不大可能只由糖原耗竭引起。

星 期 五

•芒 种•

6 月 5 日
庚子年闰四月十四

训练日记

TRAINING DIARY

跑步训练 [ ]　　跑步时长______时______分　距离______公里

其他运动 [ ]　　____________________

训练主观参数

SUBJECTIVE PARAMETERS

疲劳程度______分　1~10 分，1 分代表根本不疲劳，10 分代表筋疲力尽。

根本不疲劳　2　3　4　有点累但能接受　7　8　9　筋疲力尽

精神状态　[ ] 好　[ ] 一般　[ ] 不好

训练前一晚睡眠　[ ] 好　[ ] 一般　[ ] 不好

训练后食欲　[ ] 好　[ ] 一般　[ ] 不好

训练时排汗量　[ ] 少　[ ] 一般　[ ] 多

你的感受____________________________________

每日一问

运动和饮食控制哪个减肥效果更好？

结合起来更好！饮食控制是节流，运动是开源。只有开源节流才能达到最好的减肥效果。双管齐下当然比单一方式效果好，但完成的难度也更大。

星 期 六

6

6 月 6 日
庚子年闰四月十五

训练日记

TRAINING DIARY

跑步训练 [ ]　　跑步时长______时______分　距离______公里

其他运动 [ ]　　______________________

训练主观参数

SUBJECTIVE PARAMETERS

疲劳程度______分　1~10 分，1 分代表根本不疲劳，10 分代表筋疲力尽。

根本不疲劳　2　3　4　有点累但能接受　7　8　9　筋疲力尽

精神状态　[ ] 好　[ ] 一般　[ ] 不好

训练前一晚睡眠　[ ] 好　[ ] 一般　[ ] 不好

训练后食欲　[ ] 好　[ ] 一般　[ ] 不好

训练时排汗量　[ ] 少　[ ] 一般　[ ] 多

你的感受______________________

每日一问

为什么拉伸对于预防伤痛很重要？

柔韧性不足是引发跑步伤痛的重要危险因素，举例来说，小腿勾脚尖幅度不够，就容易引发跟腱病，这是某些资深跑者常常面临的棘手问题。而通过反复拉伸，可以改善肌肉弹性和伸展性，从而增大关节活动范围，减少伤痛发生。

星 期 日

6 月 7 日
庚子年闰四月十六

7

训练日记

TRAINING DIARY

跑步训练 [ ]　　跑步时长______时______分　距离______公里

其他运动 [ ]　　________________________

训练主观参数

SUBJECTIVE PARAMETERS

疲劳程度______分　1~10 分，1 分代表根本不疲劳，10 分代表筋疲力尽。

根本不疲劳　2　3　4　有点累但能接受　7　8　9　筋疲力尽

精神状态　[ ] 好　[ ] 一般　[ ] 不好

训练前一晚睡眠　[ ] 好　[ ] 一般　[ ] 不好

训练后食欲　[ ] 好　[ ] 一般　[ ] 不好

训练时排汗量　[ ] 少　[ ] 一般　[ ] 多

你的感受________________________

每日一问

力量训练可以显著提高基础代谢吗？

力量训练显著提高基础代谢的说法是伪科学。力量训练并不能显著提高人体基础代谢。如果基础代谢明显加快，不是因为你练了力量，很有可能是你得病了，比如甲状腺功能亢进。

星 期 一

8

6 月 8 日
庚子年闰四月十七

训练日记

TRAINING DIARY

跑步训练 [ ]　　跑步时长______时______分　距离______公里

其他运动 [ ]　　______________________

训练主观参数

SUBJECTIVE PARAMETERS

疲劳程度______分　1~10 分，1 分代表根本不疲劳，10 分代表筋疲力尽。

根本不疲劳　2　3　4　有点累但能接受　7　8　9　筋疲力尽

精神状态　[ ] 好　[ ] 一般　[ ] 不好

训练前一晚睡眠　[ ] 好　[ ] 一般　[ ] 不好

训练后食欲　[ ] 好　[ ] 一般　[ ] 不好

训练时排汗量　[ ] 少　[ ] 一般　[ ] 多

你的感受______________________

每日一问

跑步就是用腿跑吗?

很多人会把跑步理解为“用腿跑的运动”，其实跑步是一项全身运动，上肢摆臂也很重要。如果不信，你可以试试看把手揣在裤兜里跑。

星 期 二

9

6 月 9 日
庚子年闰四月十八

训练日记

TRAINING DIARY

跑步训练 [ ]　　跑步时长______时______分　距离______公里

其他运动 [ ]　　________________________

训练主观参数

SUBJECTIVE PARAMETERS

疲劳程度______分　1~10 分，1 分代表根本不疲劳，10 分代表筋疲力尽。

根本不疲劳　2　3　4　有点累但能接受　7　8　9　筋疲力尽

精神状态　[ ] 好　[ ] 一般　[ ] 不好

训练前一晚睡眠　[ ] 好　[ ] 一般　[ ] 不好

训练后食欲　[ ] 好　[ ] 一般　[ ] 不好

训练时排汗量　[ ] 少　[ ] 一般　[ ] 多

你的感受________________________________

每日一问

夏季跑步的注意事项有哪些？

夏季跑步的主要风险是中暑。为了避免中暑，应注意的事项有：多喝水；反复喝水；穿清凉透气的短袖短裤；适当降低运动强度；避免高温时间跑步；突发不适应立即停止运动。

星 期 三

10

6 月 10 日
庚子年闰四月十九

训练日记

TRAINING DIARY

跑步训练 [ ]　　跑步时长______时______分　距离______公里

其他运动 [ ]　　________________________

训练主观参数

SUBJECTIVE PARAMETERS

疲劳程度______分　1~10 分，1 分代表根本不疲劳，10 分代表筋疲力尽。

根本不疲劳　2　3　4　有点累但能接受　7　8　9　筋疲力尽

精神状态　[ ] 好　[ ] 一般　[ ] 不好

训练前一晚睡眠　[ ] 好　[ ] 一般　[ ] 不好

训练后食欲　[ ] 好　[ ] 一般　[ ] 不好

训练时排汗量　[ ] 少　[ ] 一般　[ ] 多

你的感受________________________

每日一问

什么是“隐性肥胖”？

有些人 BMI 正常，腰围却超标，这叫作“隐性肥胖”。这样的人看起来胳膊腿都很细，就是肚子大，肚子大就是肥胖。

星 期 四

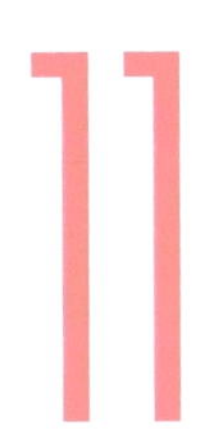

6 月 11 日

庚子年闰四月二十

训练日记

TRAINING DIARY

跑步训练 [ ]　　跑步时长______时______分　距离______公里

其他运动 [ ]　　______________________

训练主观参数

SUBJECTIVE PARAMETERS

疲劳程度______分　1~10 分，1 分代表根本不疲劳，10 分代表筋疲力尽。

根本不疲劳　2　3　4　有点累但能接受　7　8　9　筋疲力尽

精神状态　[ ] 好　[ ] 一般　[ ] 不好

训练前一晚睡眠　[ ] 好　[ ] 一般　[ ] 不好

训练后食欲　[ ] 好　[ ] 一般　[ ] 不好

训练时排汗量　[ ] 少　[ ] 一般　[ ] 多

你的感受______________________

每日一问

运动有助于避免体重反弹吗？

减肥成功后继续保持运动习惯对于防止体重反弹特别重要，因为体重减轻后人体基础代谢会下降，热量消耗会变少，如果吃得还跟之前一样多，这时就容易导致热量摄入再次超过消耗，从而发生体重反弹。运动可以增加热量消耗，促进热量消耗和摄入保持平衡。所以，运动不仅可以减肥，也可以避免减肥成功后体重反弹。

星 期 五

12

6 月 12 日
庚子年闰四月廿一

训练日记

TRAINING DIARY

跑步训练 [ ]　　跑步时长______时______分　距离______公里

其他运动 [ ]　　________________________

训练主观参数

SUBJECTIVE PARAMETERS

疲劳程度______分　1~10 分，1 分代表根本不疲劳，10 分代表筋疲力尽。

根本不疲劳　2　3　4　有点累但能接受　7　8　9　筋疲力尽

精神状态　[ ] 好　[ ] 一般　[ ] 不好

训练前一晚睡眠　[ ] 好　[ ] 一般　[ ] 不好

训练后食欲　[ ] 好　[ ] 一般　[ ] 不好

训练时排汗量　[ ] 少　[ ] 一般　[ ] 多

你的感受________________________

每日一问

练习冲刺跑的意义是什么？

冲刺跑可以避免单一慢跑带来的弊端，有助于全面训练供能系统，改善跑姿。一般可以在慢跑之后进行几组冲刺跑练习。

星 期 六

13

6 月 13 日
庚子年闰四月廿二

训练日记

TRAINING DIARY

跑步训练 [ ]　　跑步时长______时______分　距离______公里

其他运动 [ ]　　______________________

训练主观参数

SUBJECTIVE PARAMETERS

疲劳程度______分　1~10 分，1 分代表根本不疲劳，10 分代表筋疲力尽。

根本不疲劳　2　3　4　有点累但能接受　7　8　9　筋疲力尽

精神状态　[ ] 好　[ ] 一般　[ ] 不好

训练前一晚睡眠　[ ] 好　[ ] 一般　[ ] 不好

训练后食欲　[ ] 好　[ ] 一般　[ ] 不好

训练时排汗量　[ ] 少　[ ] 一般　[ ] 多

你的感受______________________

每日一问

稳定型跑鞋的主要功能是什么？

稳定型跑鞋还有一个叫法就是支撑型跑鞋。支撑什么？支撑的就是足踝。稳定什么？稳定的也是足踝。控制足踝不正常的运动是这类跑鞋的主要功能。

星 期 日

14

6 月 14 日
庚子年闰四月廿三

训练日记

TRAINING DIARY

跑步训练 [ ]　　跑步时长______时______分　距离______公里

其他运动 [ ]　　______________________

训练主观参数

SUBJECTIVE PARAMETERS

疲劳程度______分　1~10 分，1 分代表根本不疲劳，10 分代表筋疲力尽。

根本不疲劳　2　3　4　有点累但能接受　7　8　9　筋疲力尽

精神状态　[ ] 好　[ ] 一般　[ ] 不好

训练前一晚睡眠　[ ] 好　[ ] 一般　[ ] 不好

训练后食欲　[ ] 好　[ ] 一般　[ ] 不好

训练时排汗量　[ ] 少　[ ] 一般　[ ] 多

你的感受______________________

每日一问

跑鞋最硬的部分是哪里？

除了鞋底橡胶，鞋跟是跑鞋最硬的部分。鞋跟可以起到稳定、保护足跟的作用。所谓鞋要跟脚，意思就是说，鞋跟与脚跟之间不能有过多滑动。

星 期 一

15

6 月 15 日

庚子年闰四月廿四

训练日记

TRAINING DIARY

跑步训练 [ ]　　跑步时长______时______分　距离______公里

其他运动 [ ]　　______________________

训练主观参数

SUBJECTIVE PARAMETERS

疲劳程度______分　1~10 分，1 分代表根本不疲劳，10 分代表筋疲力尽。

根本不疲劳　2　3　4　有点累但能接受　7　8　9　筋疲力尽

精神状态　[ ] 好　[ ] 一般　[ ] 不好

训练前一晚睡眠　[ ] 好　[ ] 一般　[ ] 不好

训练后食欲　[ ] 好　[ ] 一般　[ ] 不好

训练时排汗量　[ ] 少　[ ] 一般　[ ] 多

你的感受______________________

每日一问

跑后要拉伸哪些部位？

下肢肌肉是跑后拉伸的重点，要将下肢主要肌肉都拉伸到位，重点部位包括髋部、臀部、大腿前侧、大腿后侧、大腿外侧、大腿内侧以及小腿后侧。

星 期 二

16

6 月 16 日
庚子年闰四月廿五

训练日记

TRAINING DIARY

跑步训练 [ ]　　跑步时长______时______分　距离______公里

其他运动 [ ]　　______________________

训练主观参数

SUBJECTIVE PARAMETERS

疲劳程度______分　1~10 分，1 分代表根本不疲劳，10 分代表筋疲力尽。

根本不疲劳　2　3　4　有点累但能接受　7　8　9　筋疲力尽

精神状态　[ ] 好　[ ] 一般　[ ] 不好

训练前一晚睡眠　[ ] 好　[ ] 一般　[ ] 不好

训练后食欲　[ ] 好　[ ] 一般　[ ] 不好

训练时排汗量　[ ] 少　[ ] 一般　[ ] 多

你的感受______________________

为什么在到达马拉松比赛终点后不要立即停下来?

跑步时血液主要集中在下肢，到达终点立即停下来会使得下肢血管突然丧失了肌肉挤压作用，血液容易瘀滞在下肢，导致回心血量不足，引发重力性休克而出现晕厥。所以，到达终点后建议逐渐降速，来回走动，而不要立即停下来。

星 期 三

17

6 月 17 日
庚子年闰四月廿六

训练日记

TRAINING DIARY

跑步训练 [ ]　　跑步时长______时______分　距离______公里

其他运动 [ ]　　______________________

训练主观参数

SUBJECTIVE PARAMETERS

疲劳程度______分　1~10 分，1 分代表根本不疲劳，10 分代表筋疲力尽。

根本不疲劳　2　3　4　有点累但能接受　7　8　9　筋疲力尽

精神状态	[ ] 好	[ ] 一般	[ ] 不好
训练前一晚睡眠	[ ] 好	[ ] 一般	[ ] 不好
训练后食欲	[ ] 好	[ ] 一般	[ ] 不好
训练时排汗量	[ ] 少	[ ] 一般	[ ] 多

你的感受______________________

参加马拉松比赛很容易发生猝死吗？

猝死是一种危险性极高的病症，救治难度极大。大多数猝死是心源性猝死，但事实上马拉松运动中发生猝死的概率极低，经常运动的人比普通人的猝死风险要低。

星 期 四

18

6 月 18 日
庚子年闰四月廿七

训练日记

TRAINING DIARY

跑步训练 [ ]　　跑步时长______时______分　距离______公里

其他运动 [ ]　　______________________

训练主观参数

SUBJECTIVE PARAMETERS

疲劳程度______分　1~10 分，1 分代表根本不疲劳，10 分代表筋疲力尽。

根本不疲劳　2　3　4　有点累但能接受　7　8　9　筋疲力尽

精神状态	[ ] 好	[ ] 一般	[ ] 不好
训练前一晚睡眠	[ ] 好	[ ] 一般	[ ] 不好
训练后食欲	[ ] 好	[ ] 一般	[ ] 不好
训练时排汗量	[ ] 少	[ ] 一般	[ ] 多

你的感受______________________

每日一问

什么是“MAF180 训练法”？

MAF180 训练法是由跑步专家菲利浦·马菲顿（Philip Maffetone）发明的，可以帮助你找到轻松跑时的最佳心率——用 180 减去自己的年龄。举个例子：一个 40 岁的中年人，他进行轻松跑的最佳心率应为 140 次 / 分。

星 期 五

19

6 月 19 日
庚子年闰四月廿八

训练日记

TRAINING DIARY

跑步训练 [ ]　　跑步时长______时______分　距离______公里

其他运动 [ ]　　________________________

训练主观参数

SUBJECTIVE PARAMETERS

疲劳程度______分　1~10 分，1 分代表根本不疲劳，10 分代表筋疲力尽。

根本不疲劳　2　3　4　有点累但能接受　7　8　9　筋疲力尽

精神状态　[ ] 好　[ ] 一般　[ ] 不好

训练前一晚睡眠　[ ] 好　[ ] 一般　[ ] 不好

训练后食欲　[ ] 好　[ ] 一般　[ ] 不好

训练时排汗量　[ ] 少　[ ] 一般　[ ] 多

你的感受____

每日一问

跑步的最佳步频是多少?

当配速在 7~8 分 / 公里时，步频要达到 150~160 次 / 分；当配速在 6~7 分 / 公里时，步频要达到 160~170 次 / 分。配速在 6 分 / 公里以内时，步频应当达到 180 次 / 分。180 次 / 分是公认的理想步频。

星 期 六

6 月 20 日
庚子年闰四月廿九

训练日记

TRAINING DIARY

跑步训练 [ ]　　跑步时长______时______分　距离______公里

其他运动 [ ]　　____________________

训练主观参数

SUBJECTIVE PARAMETERS

疲劳程度______分　1~10 分，1 分代表根本不疲劳，10 分代表筋疲力尽。

根本不疲劳　2　3　4　有点累但能接受　7　8　9　筋疲力尽

精神状态	[ ] 好	[ ] 一般	[ ] 不好
训练前一晚睡眠	[ ] 好	[ ] 一般	[ ] 不好
训练后食欲	[ ] 好	[ ] 一般	[ ] 不好
训练时排汗量	[ ] 少	[ ] 一般	[ ] 多

你的感受____________________

每日一问

在赛前大量补充糖有意义吗？

在赛前大量补充糖并不能有效增加体内糖原储备，反而容易引发体重上升，增加身体负担。在赛前，清淡、正常的饮食就够了。赛前格外强调补充糖并不能帮助你在马拉松比赛中有更好的表现。

星期日

• 夏至 •

6 月 21 日
庚子年五月初一

21

训练日记

TRAINING DIARY

跑步训练 [ ]　　跑步时长______时______分　距离______公里

其他运动 [ ]　　______________________

训练主观参数

SUBJECTIVE PARAMETERS

疲劳程度______分　1~10 分，1 分代表根本不疲劳，10 分代表筋疲力尽。

根本不疲劳　2　3　4　有点累但能接受　7　8　9　筋疲力尽

精神状态　[ ] 好　[ ] 一般　[ ] 不好

训练前一晚睡眠　[ ] 好　[ ] 一般　[ ] 不好

训练后食欲　[ ] 好　[ ] 一般　[ ] 不好

训练时排汗量　[ ] 少　[ ] 一般　[ ] 多

你的感受______________________

每日一问

餐后 1 小时以内能跑步吗？

餐后不要立即跑步，这容易导致胃肠不适。因为当人体处于饱腹状态时，跑步会出现明显的不舒服感，还有可能引发腹痛。餐后过 1~1.5 小时再跑。

星 期 一

6 月 22 日
庚子年五月初二

22

训练日记

TRAINING DIARY

跑步训练 [ ]　　跑步时长______时______分　距离______公里

其他运动 [ ]　　____________________

训练主观参数

SUBJECTIVE PARAMETERS

疲劳程度______分　1~10 分，1 分代表根本不疲劳，10 分代表筋疲力尽。

根本不疲劳　2　3　4　有点累但能接受　7　8　9　筋疲力尽

精神状态　[ ] 好　[ ] 一般　[ ] 不好

训练前一晚睡眠　[ ] 好　[ ] 一般　[ ] 不好

训练后食欲　[ ] 好　[ ] 一般　[ ] 不好

训练时排汗量　[ ] 少　[ ] 一般　[ ] 多

你的感受____________________

每日一问

跑步时小腿一定要提拉折叠吗？

小腿提拉折叠有助于缩短下肢摆动半径，加快大腿前摆速度，但这只有在速度较快的情况下才有意义。慢跑不需要刻意提拉折叠小腿，那样只会让你疲惫不堪。

星　期　二

6 月 23 日
庚子年五月初三

23

训练日记

TRAINING DIARY

跑步训练 [ ]　　跑步时长______时______分　距离______公里

其他运动 [ ]　　______________________

训练主观参数

SUBJECTIVE PARAMETERS

疲劳程度______分　1~10 分，1 分代表根本不疲劳，10 分代表筋疲力尽。

根本不疲劳　2　3　4　有点累但能接受　7　8　9　筋疲力尽

精神状态　[ ] 好　[ ] 一般　[ ] 不好

训练前一晚睡眠　[ ] 好　[ ] 一般　[ ] 不好

训练后食欲　[ ] 好　[ ] 一般　[ ] 不好

训练时排汗量　[ ] 少　[ ] 一般　[ ] 多

你的感受______________________

每日一问

什么是“BQ”？

BQ（Boston qualification）是波士顿马拉松参赛准入标准的简称。作为世界上最古老、最知名的马拉赛事之一，波士顿马拉松对报名者的参赛资格有着极高的要求，只有取得符合要求的跑步成绩才有资格报名参赛。2020 年波士顿马拉松要求，35~39 岁的男性完成全程马拉松的时间不超过 3 小时 5 分钟，女性不超过 3 小时 35 分钟。能够参加波士顿马拉松是许多跑者的梦想。

星 期 三

6 月 24 日
庚子年五月初四

24

训练日记

TRAINING DIARY

跑步训练 [ ]　　跑步时长______时______分　距离______公里

其他运动 [ ]　　______________________

训练主观参数

SUBJECTIVE PARAMETERS

疲劳程度______分　1~10 分，1 分代表根本不疲劳，10 分代表筋疲力尽。

根本不疲劳　2　3　4　有点累但能接受　7　8　9　筋疲力尽

精神状态　[ ] 好　[ ] 一般　[ ] 不好

训练前一晚睡眠　[ ] 好　[ ] 一般　[ ] 不好

训练后食欲　[ ] 好　[ ] 一般　[ ] 不好

训练时排汗量　[ ] 少　[ ] 一般　[ ] 多

你的感受______________________

每日一问

跑步可以提高工作效率吗？

不是工作太累不想跑，而是不跑步所以才会觉得工作累。跑步能让你更专注地投入工作，可以显著提升工作效率。所以，单位要多组织员工跑步。

星　期　四

• 端午节 •

6 月 25 日
庚子年五月初五

训练日记

TRAINING DIARY

跑步训练 [ ]　　跑步时长______时______分　距离______公里

其他运动 [ ]　　______________________

训练主观参数

SUBJECTIVE PARAMETERS

疲劳程度______分　1~10 分，1 分代表根本不疲劳，10 分代表筋疲力尽。

根本不疲劳　2　3　4　有点累但能接受　7　8　9　筋疲力尽

精神状态　[ ] 好　[ ] 一般　[ ] 不好

训练前一晚睡眠　[ ] 好　[ ] 一般　[ ] 不好

训练后食欲　[ ] 好　[ ] 一般　[ ] 不好

训练时排汗量　[ ] 少　[ ] 一般　[ ] 多

你的感受______________________

每日一问

力量训练的减肥机制是什么？

力量训练其实是无氧运动，其减肥机制更多来源于内分泌效应，比如力量训练有助于短时间内提升睾酮水平，而睾酮具有减脂作用。

星 期 五

6 月 26 日
庚子年五月初六

26

训练日记

TRAINING DIARY

跑步训练 [ ]　　跑步时长______时______分　距离______公里

其他运动 [ ]　　______________________

训练主观参数

SUBJECTIVE PARAMETERS

疲劳程度______分　1~10 分，1 分代表根本不疲劳，10 分代表筋疲力尽。

根本不疲劳　2　3　4　有点累但能接受　7　8　9　筋疲力尽

精神状态　[ ] 好　[ ] 一般　[ ] 不好

训练前一晚睡眠　[ ] 好　[ ] 一般　[ ] 不好

训练后食欲　[ ] 好　[ ] 一般　[ ] 不好

训练时排汗量　[ ] 少　[ ] 一般　[ ] 多

你的感受______________________

每日一问

什么是“赛前减量训练”？

顾名思义，赛前减量训练就是在赛前降低运动量，其目的是消除生理上和心理上的疲劳，促进超量恢复，使运动员在比赛时达到巅峰状态。进行赛前减量训练要注意的是，不要同时减训练量和训练强度，减少训练量更常见。但通常来说，运动员和坚持系统训练的高水平跑者才需要在赛前减量，对于跑量不足的跑者而言，事实上“无量可减”，减量训练的意义不大。

星 期 六

6 月 27 日

庚子年五月初七

27

训练日记

TRAINING DIARY

跑步训练 [ ]　　跑步时长______时______分　距离______公里

其他运动 [ ]　　________________________

训练主观参数

SUBJECTIVE PARAMETERS

疲劳程度______分　1~10 分，1 分代表根本不疲劳，10 分代表筋疲力尽。

根本不疲劳　2　3　4　有点累但能接受　7　8　9　筋疲力尽

精神状态	[ ] 好	[ ] 一般	[ ] 不好
训练前一晚睡眠	[ ] 好	[ ] 一般	[ ] 不好
训练后食欲	[ ] 好	[ ] 一般	[ ] 不好
训练时排汗量	[ ] 少	[ ] 一般	[ ] 多

你的感受____

每日一问

跑步前要不要吃点东西？

空腹跑步不会导致低血糖。大多数人更习惯于空腹运动，吃饱了不适合立即跑步。有些人习惯于跑前吃一点食物，这也是允许的。

星 期 日

28

6 月 28 日
庚子年五月初八

训练日记

TRAINING DIARY

跑步训练 [ ]　　跑步时长______时______分　距离______公里

其他运动 [ ]　　______________________

训练主观参数

SUBJECTIVE PARAMETERS

疲劳程度______分　1~10 分，1 分代表根本不疲劳，10 分代表筋疲力尽。

根本不疲劳　2　3　4　有点累但能接受　7　8　9　筋疲力尽

精神状态	[ ] 好	[ ] 一般	[ ] 不好
训练前一晚睡眠	[ ] 好	[ ] 一般	[ ] 不好
训练后食欲	[ ] 好	[ ] 一般	[ ] 不好
训练时排汗量	[ ] 少	[ ] 一般	[ ] 多

你的感受______________________

增加肌肉含量能显著提高基础代谢吗？

即使经过了艰苦的力量训练，你的肌肉含量增加了 14 斤，每天的基础代谢增加量也仅为 100 大卡左右，增加量非常有限。跑步 10~15 分钟就能消耗掉这点热量。

星 期 一

29

6 月 29 日
庚子年五月初九

训练日记

TRAINING DIARY

跑步训练 [ ]　　跑步时长______时______分　距离______公里

其他运动 [ ]　　________________________

训练主观参数

SUBJECTIVE PARAMETERS

疲劳程度______分　1~10 分，1 分代表根本不疲劳，10 分代表筋疲力尽。

根本不疲劳　2　3　4　有点累但能接受　7　8　9　筋疲力尽

精神状态　[ ] 好　[ ] 一般　[ ] 不好

训练前一晚睡眠　[ ] 好　[ ] 一般　[ ] 不好

训练后食欲　[ ] 好　[ ] 一般　[ ] 不好

训练时排汗量　[ ] 少　[ ] 一般　[ ] 多

你的感受________________________

每日一问

有没有必要使用矫形鞋垫?

矫形鞋垫可以起到支撑足弓、纠正足踝力线异常的作用，对于部分跑者也许有用，但并不属于跑者必备的装备。一些跑者使用矫形鞋垫后反而会不舒服，所以使用矫形鞋垫应因人而异。

星 期 二

6 月 30 日
庚子年五月初十

训练日记

TRAINING DIARY

跑步训练 [ ]　　跑步时长______时______分　距离______公里

其他运动 [ ]　　____________________

训练主观参数

SUBJECTIVE PARAMETERS

疲劳程度______分　1~10 分，1 分代表根本不疲劳，10 分代表筋疲力尽。

根本不疲劳　2　3　4　有点累但能接受　7　8　9　筋疲力尽

精神状态	[ ] 好	[ ] 一般	[ ] 不好
训练前一晚睡眠	[ ] 好	[ ] 一般	[ ] 不好
训练后食欲	[ ] 好	[ ] 一般	[ ] 不好
训练时排汗量	[ ] 少	[ ] 一般	[ ] 多

你的感受____________________

402

7月

2020

跑者

日记

RUNNER'S

DIARY

JUL.

每日打卡

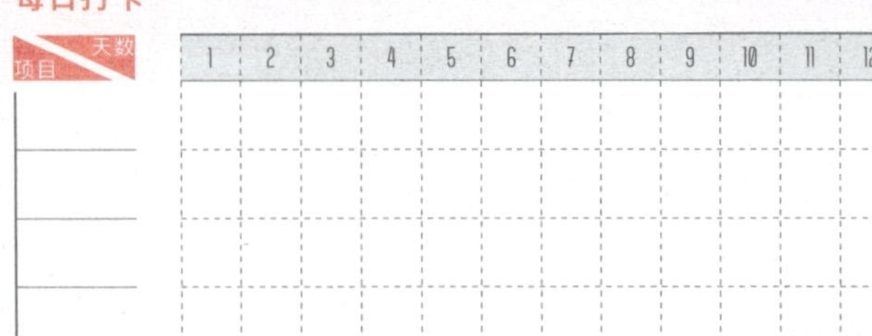

天数 / 项目	1	2	3	4	5	6	7	8	9	10	11	12	13	14	15

每月计划

周日 SUN.	周一 MON.	周二 TUE.	周三 WED.

DAILY ATTENDANCE

16	17	18	19	20	21	22	23	24	25	26	27	28	29	30	31

MONTHLY PLAN

周四 THUR.	周五 FRI.	周六 SAT.

7

JUL.

月度总结

MONTHLY SUMMARY

每日一问

除了长度和宽度，买跑鞋时还需要考虑哪些因素?

除了长度和宽度合适，脚跟与鞋跟是否贴合良好、鞋面是否压脚、自身足弓是适合缓震型还是稳定型等，都是需要考虑的。

星 期 三

• 建党节 •

7 月 1 日

庚子年五月十一

1

训练日记

TRAINING DIARY

跑步训练 [ ]　　跑步时长______时______分　距离______公里

其他运动 [ ]　　____________________

训练主观参数

SUBJECTIVE PARAMETERS

疲劳程度______分　1~10 分，1 分代表根本不疲劳，10 分代表筋疲力尽。

根本不疲劳　2　3　4　有点累但能接受　7　8　9　筋疲力尽

精神状态　[ ] 好　[ ] 一般　[ ] 不好

训练前一晚睡眠　[ ] 好　[ ] 一般　[ ] 不好

训练后食欲　[ ] 好　[ ] 一般　[ ] 不好

训练时排汗量　[ ] 少　[ ] 一般　[ ] 多

你的感受____________________

着地时脚步声音很重是什么原因？

着地时脚步声音大意味着着地时缓冲不足，这容易导致受伤。降低脚步声，学会轻盈地着地可以有效预防伤痛。可以通过进行缓冲训练、着地时膝关节保持微屈等方式加以改善。

星 期 六

7 月 4 日
庚子年五月十四

4

训练日记

TRAINING DIARY

跑步训练 [ ]　　跑步时长______时______分　距离______公里

其他运动 [ ]　　______________________

训练主观参数

SUBJECTIVE PARAMETERS

疲劳程度______分　1~10 分，1 分代表根本不疲劳，10 分代表筋疲力尽。

根本不疲劳　2　3　4　有点累但能接受　7　8　9　筋疲力尽

精神状态	[ ] 好	[ ] 一般	[ ] 不好
训练前一晚睡眠	[ ] 好	[ ] 一般	[ ] 不好
训练后食欲	[ ] 好	[ ] 一般	[ ] 不好
训练时排汗量	[ ] 少	[ ] 一般	[ ] 多

你的感受______________________

每日一问

跑步可以预防癌症吗？

跑步是极佳的抗癌防癌运动。跑步对肺癌、胃癌、肝癌、食管癌、结肠 / 直肠癌、乳腺癌、脑癌和白血病都具有一定预防作用。

星 期 日

5

7 月 5 日
庚子年五月十五

训练日记

TRAINING DIARY

跑步训练 [ ]　　跑步时长______时______分　距离______公里

其他运动 [ ]　　______________________

训练主观参数

SUBJECTIVE PARAMETERS

疲劳程度______分　1~10 分，1 分代表根本不疲劳，10 分代表筋疲力尽。

根本不疲劳　2　3　4　有点累但能接受　7　8　9　筋疲力尽

精神状态　[ ] 好　[ ] 一般　[ ] 不好

训练前一晚睡眠　[ ] 好　[ ] 一般　[ ] 不好

训练后食欲　[ ] 好　[ ] 一般　[ ] 不好

训练时排汗量　[ ] 少　[ ] 一般　[ ] 多

你的感受______________________

每日一问

压缩腿套能不能瘦小腿？

当然不能。压缩腿套只能让腿看上去瘦一点。

星 期 一

•小 暑•

7 月 6 日
庚子年五月十六

训练日记

TRAINING DIARY

跑步训练 [ ]　　跑步时长______时______分　距离______公里

其他运动 [ ]　　______________________

训练主观参数

SUBJECTIVE PARAMETERS

疲劳程度______分　1~10 分，1 分代表根本不疲劳，10 分代表筋疲力尽。

根本不疲劳　2　3　4　有点累但能接受　7　8　9　筋疲力尽

精神状态	[ ] 好	[ ] 一般	[ ] 不好
训练前一晚睡眠	[ ] 好	[ ] 一般	[ ] 不好
训练后食欲	[ ] 好	[ ] 一般	[ ] 不好
训练时排汗量	[ ] 少	[ ] 一般	[ ] 多

你的感受______________________

为什么跑者需要保证充足的蛋白质摄入?

跑步虽然不会掉肌肉，但肌肉不断收缩舒张仍然会导致肌肉及全身疲劳。保证充足的蛋白质摄入对于促进肌肉修复、促进疲劳恢复和提高运动能力都很有意义。

星 期 二

7

7 月 7 日
庚子年五月十七

训练日记

TRAINING DIARY

跑步训练 [ ]　　跑步时长______时______分　距离______公里

其他运动 [ ]　　______________________

训练主观参数

SUBJECTIVE PARAMETERS

疲劳程度______分　1~10 分，1 分代表根本不疲劳，10 分代表筋疲力尽。

根本不疲劳　2　3　4　有点累但能接受　7　8　9　筋疲力尽

精神状态	[ ] 好	[ ] 一般	[ ] 不好
训练前一晚睡眠	[ ] 好	[ ] 一般	[ ] 不好
训练后食欲	[ ] 好	[ ] 一般	[ ] 不好
训练时排汗量	[ ] 少	[ ] 一般	[ ] 多

你的感受______________________________

每日一问

什么是乳酸？

乳酸是体内供能物质——糖在分解过程中，分解不完全的中间产物，这个分解过程被称为“无氧糖酵解”。当跑步速度较快时，糖无氧分解就会产生大量乳酸，乳酸不断堆积，就会导致疲劳发生。跑步时感觉身体酸胀，就是因为乳酸堆积导致的。

星 期 三

8

7 月 8 日
庚子年五月十八

训练日记

TRAINING DIARY

跑步训练 [ ]　　跑步时长______时______分　距离______公里

其他运动 [ ]　　______________________________

训练主观参数

SUBJECTIVE PARAMETERS

疲劳程度______分　1~10 分，1 分代表根本不疲劳，10 分代表筋疲力尽。

根本不疲劳　2　3　4　有点累但能接受　7　8　9　筋疲力尽

精神状态	[ ] 好	[ ] 一般	[ ] 不好
训练前一晚睡眠	[ ] 好	[ ] 一般	[ ] 不好
训练后食欲	[ ] 好	[ ] 一般	[ ] 不好
训练时排汗量	[ ] 少	[ ] 一般	[ ] 多

你的感受______________________________

跑者发生的膝前痛有哪些典型表现？

跑步刚开始和跑步中后程出现疼痛，疼痛定位模糊，上下楼梯往往伴随疼痛，膝关节保持固定角度一定时间后出现不适。

星 期 四

9

7 月 9 日
庚子年五月十九

训练日记

TRAINING DIARY

跑步训练 [ ]　　跑步时长______时______分　距离______公里

其他运动 [ ]　　______________________

训练主观参数

SUBJECTIVE PARAMETERS

疲劳程度______分　1~10 分，1 分代表根本不疲劳，10 分代表筋疲力尽。

根本不疲劳　2　3　4　有点累但能接受　7　8　9　筋疲力尽

精神状态	[ ] 好	[ ] 一般	[ ] 不好
训练前一晚睡眠	[ ] 好	[ ] 一般	[ ] 不好
训练后食欲	[ ] 好	[ ] 一般	[ ] 不好
训练时排汗量	[ ] 少	[ ] 一般	[ ] 多

你的感受______________________

跑步时前脚掌着地有什么好处？

总体而言，前脚掌着地是一种更有效率的着地方式，有利于缓冲着地时所受到的冲击力，缩短触地时间，储备跟腱弹性势能。但前脚掌着地对于足踝力量也提出更高要求。大众跑者不必刻意模仿前脚掌着地，因为速度越快，前脚掌着地才越有优势。

星 期 五

10

7 月 10 日
庚子年五月二十

训练日记

TRAINING DIARY

跑步训练 [ ]　　跑步时长______时______分　距离______公里

其他运动 [ ]　　____________________

训练主观参数

SUBJECTIVE PARAMETERS

疲劳程度______分　1~10 分，1 分代表根本不疲劳，10 分代表筋疲力尽。

根本不疲劳　2　3　4　有点累但能接受　7　8　9　筋疲力尽

精神状态　[ ] 好　[ ] 一般　[ ] 不好

训练前一晚睡眠　[ ] 好　[ ] 一般　[ ] 不好

训练后食欲　[ ] 好　[ ] 一般　[ ] 不好

训练时排汗量　[ ] 少　[ ] 一般　[ ] 多

你的感受____________________

每日一问

发生膝前痛应如何进行康复?

膝前痛的康复解决方案主要是全面加强下肢肌肉力量。但要注意力量训练动作的选择和动作的规范性，避免在康复训练过程中对膝关节造成过大压力，比如下蹲、弓箭步练习在康复初期就不适合应用。

星 期 六

7 月 11 日

庚子年五月廿一

训练日记

TRAINING DIARY

跑步训练 [ ]　　跑步时长______时______分　距离______公里

其他运动 [ ]　　________________________

训练主观参数

SUBJECTIVE PARAMETERS

疲劳程度______分　1~10 分，1 分代表根本不疲劳，10 分代表筋疲力尽。

根本不疲劳　2　3　4　有点累但能接受　7　8　9　筋疲力尽

精神状态　[ ] 好　[ ] 一般　[ ] 不好

训练前一晚睡眠　[ ] 好　[ ] 一般　[ ] 不好

训练后食欲　[ ] 好　[ ] 一般　[ ] 不好

训练时排汗量　[ ] 少　[ ] 一般　[ ] 多

你的感受________________________

每日一问

跑后拉伸为什么很重要?

跑后拉伸可以达到放松肌肉、改善肌肉弹性和促进恢复等作用。跑后拉伸采用的是静态拉伸,所谓静态拉伸就是指保持固定姿势,持续牵拉肌肉的拉伸方式。

星 期 日

12

7 月 12 日
庚子年五月廿二

训练日记

TRAINING DIARY

跑步训练 [ ]　　跑步时长______时______分　距离______公里

其他运动 [ ]　　______________________

训练主观参数

SUBJECTIVE PARAMETERS

疲劳程度______分　1~10 分，1 分代表根本不疲劳，10 分代表筋疲力尽。

根本不疲劳　2　3　4　有点累但能接受　7　8　9　筋疲力尽

精神状态	[ ] 好	[ ] 一般	[ ] 不好
训练前一晚睡眠	[ ] 好	[ ] 一般	[ ] 不好
训练后食欲	[ ] 好	[ ] 一般	[ ] 不好
训练时排汗量	[ ] 少	[ ] 一般	[ ] 多

你的感受______________________

每日一问

如何区分缓震型跑鞋和稳定型跑鞋?

缓震和稳定都是相对而言，所有跑鞋都具有缓震功能，所以稳定型跑鞋也是缓震型跑鞋，但缓震型跑鞋不一定有稳定功能。普通跑者购买缓震型跑鞋就足够了。

星　期　一

7 月 13 日
庚子年五月廿三

13

训练日记

TRAINING DIARY

跑步训练 [ ]　　跑步时长______时______分　距离______公里

其他运动 [ ]　　______________________

训练主观参数

SUBJECTIVE PARAMETERS

疲劳程度______分　1~10 分，1 分代表根本不疲劳，10 分代表筋疲力尽。

根本不疲劳　2　3　4　有点累但能接受　7　8　9　筋疲力尽

精神状态　[ ] 好　[ ] 一般　[ ] 不好

训练前一晚睡眠　[ ] 好　[ ] 一般　[ ] 不好

训练后食欲　[ ] 好　[ ] 一般　[ ] 不好

训练时排汗量　[ ] 少　[ ] 一般　[ ] 多

你的感受______________________

每日一问

体重较大的人怎样跑步不会伤膝盖？

体重较大的人膝关节受力较大且心肺负担较大，建议从快走或者走跑结合开始。跑步时适当加快步频、控制步幅，要高度重视跑后的拉伸和力量训练。同时应循序渐进地增加跑量，先培养跑步习惯。

星 期 二

14

7 月 14 日
庚子年五月廿四

训练日记

TRAINING DIARY

跑步训练 [ ]　　跑步时长______时______分　距离______公里

其他运动 [ ]　　______________________

训练主观参数

SUBJECTIVE PARAMETERS

疲劳程度______分　1~10 分，1 分代表根本不疲劳，10 分代表筋疲力尽。

根本不疲劳　2　3　4　有点累但能接受　7　8　9　筋疲力尽

精神状态　[ ] 好　[ ] 一般　[ ] 不好

训练前一晚睡眠　[ ] 好　[ ] 一般　[ ] 不好

训练后食欲　[ ] 好　[ ] 一般　[ ] 不好

训练时排汗量　[ ] 少　[ ] 一般　[ ] 多

你的感受______________________

每日一问

除了防晒，跑者还应如何保护皮肤？

跑后即时用清水清洗皮肤，适当使用面膜，注意营养要合理，并保证睡眠充足。这些都有助于保护你的皮肤。

星 期 三

15

7 月 15 日
庚子年五月廿五

训练日记

TRAINING DIARY

跑步训练 [ ]　　跑步时长______时______分　距离______公里

其他运动 [ ]　　______________________

训练主观参数

SUBJECTIVE PARAMETERS

疲劳程度______分　1~10 分，1 分代表根本不疲劳，10 分代表筋疲力尽。

根本不疲劳　2　3　4　有点累但能接受　7　8　9　筋疲力尽

精神状态　[ ] 好　[ ] 一般　[ ] 不好

训练前一晚睡眠　[ ] 好　[ ] 一般　[ ] 不好

训练后食欲　[ ] 好　[ ] 一般　[ ] 不好

训练时排汗量　[ ] 少　[ ] 一般　[ ] 多

你的感受______________________

每日一问

怎样才能预防在马拉松比赛中发生猝死?

事实上，猝死基本上是很难预防的。首先，要了解自己的健康状况，安全运动；其次，一定要有准备地参加马拉松比赛；最后，在比赛中出现任何不适都应当立即停止运动，求助医疗人员。

星 期 四

16

7 月 16 日
庚子年五月廿六

训练日记

TRAINING DIARY

跑步训练 [ ]　　跑步时长______时______分　距离______公里

其他运动 [ ]　　______________________

训练主观参数

SUBJECTIVE PARAMETERS

疲劳程度______分　1~10 分，1 分代表根本不疲劳，10 分代表筋疲力尽。

根本不疲劳　2　3　4　有点累但能接受　7　8　9　筋疲力尽

精神状态	[ ] 好	[ ] 一般	[ ] 不好
训练前一晚睡眠	[ ] 好	[ ] 一般	[ ] 不好
训练后食欲	[ ] 好	[ ] 一般	[ ] 不好
训练时排汗量	[ ] 少	[ ] 一般	[ ] 多

你的感受______________________

每日一问

如何判断运动是否过量?

如果跑完步的第二天晨脉加快，关节有疲劳感或疼痛感，或者头痛、睡眠不佳，又或者变得容易感冒，女性跑者生理周期发生异常，都说明之前的跑步训练过量了。

星 期 五

7 月 17 日
庚子年五月廿七

17

训练日记

TRAINING DIARY

跑步训练 [ ]　　跑步时长______时______分　距离______公里

其他运动 [ ]　　____________________

训练主观参数

SUBJECTIVE PARAMETERS

疲劳程度______分　1~10 分，1 分代表根本不疲劳，10 分代表筋疲力尽。

根本不疲劳　2　3　4　有点累但能接受　7　8　9　筋疲力尽

精神状态　[ ] 好　[ ] 一般　[ ] 不好

训练前一晚睡眠　[ ] 好　[ ] 一般　[ ] 不好

训练后食欲　[ ] 好　[ ] 一般　[ ] 不好

训练时排汗量　[ ] 少　[ ] 一般　[ ] 多

你的感受____________________

每日一问

跑者应该怎么吃才算健康？

想要健康饮食就应当尽可能按照《中国居民膳食指南（2016）》的要求，跑者也不例外：食物多样，谷类为主；吃动平衡，体重健康；多吃蔬果、奶类、大豆；适量吃鱼、禽、蛋、瘦肉；少盐少油，控糖限酒。

星 期 六

18

7 月 18 日
庚子年五月廿八

训练日记

TRAINING DIARY

跑步训练 [ ]　　跑步时长______时______分　距离______公里

其他运动 [ ]　　______________________

训练主观参数

SUBJECTIVE PARAMETERS

疲劳程度______分　1~10 分，1 分代表根本不疲劳，10 分代表筋疲力尽。

根本不疲劳　2　3　4　有点累但能接受　7　8　9　筋疲力尽

精神状态	[ ] 好	[ ] 一般	[ ] 不好
训练前一晚睡眠	[ ] 好	[ ] 一般	[ ] 不好
训练后食欲	[ ] 好	[ ] 一般	[ ] 不好
训练时排汗量	[ ] 少	[ ] 一般	[ ] 多

你的感受______________________________

为什么要进行多样化的运动？

有氧运动结合力量训练比单一从事某一种类型的运动更值得推荐，因为多样化的运动能够避免进行单一运动容易受伤的弊端，同时还能发挥不同运动的不同减肥机制，多管齐下。

星 期 日

19

7 月 19 日
庚子年五月廿九

训练日记

TRAINING DIARY

跑步训练 [ ]　　跑步时长______时______分　距离______公里

其他运动 [ ]　　________________________

训练主观参数

SUBJECTIVE PARAMETERS

疲劳程度______分　1~10 分，1 分代表根本不疲劳，10 分代表筋疲力尽。

根本不疲劳　2　3　4　有点累但能接受　7　8　9　筋疲力尽

精神状态	[ ] 好	[ ] 一般	[ ] 不好
训练前一晚睡眠	[ ] 好	[ ] 一般	[ ] 不好
训练后食欲	[ ] 好	[ ] 一般	[ ] 不好
训练时排汗量	[ ] 少	[ ] 一般	[ ] 多

你的感受________________________

每日一问

长期坚持跑步心脏会发生哪些变化?

坚持跑步心脏会呈现“节省化”：心脏神经调节机制改善，心肌收缩力增强；安静心率较低，承受同等强度负荷时心率较低，而承受最大负荷时心率较高，即心率储备空间增大。

星 期 一

20

7 月 20 日
庚子年五月三十

训练日记

TRAINING DIARY

跑步训练 [ ]　　跑步时长______时______分　距离______公里

其他运动 [ ]　　______________________

训练主观参数

SUBJECTIVE PARAMETERS

疲劳程度______分　1~10 分，1 分代表根本不疲劳，10 分代表筋疲力尽。

根本不疲劳　2　3　4　有点累但能接受　7　8　9　筋疲力尽

精神状态　[ ] 好　[ ] 一般　[ ] 不好

训练前一晚睡眠　[ ] 好　[ ] 一般　[ ] 不好

训练后食欲　[ ] 好　[ ] 一般　[ ] 不好

训练时排汗量　[ ] 少　[ ] 一般　[ ] 多

你的感受______________________

每日一问

常见的有氧运动有哪些？

长时间、中低强度的运动都是有氧运动，走路、跑步、游泳、骑行、广场舞都算。

星　期　二

21

7 月 21 日
庚子年六月初一

训练日记

TRAINING DIARY

跑步训练 [ ]　　跑步时长______时______分　距离______公里

其他运动 [ ]　　________________________

训练主观参数

SUBJECTIVE PARAMETERS

疲劳程度______分　1~10 分，1 分代表根本不疲劳，10 分代表筋疲力尽。

根本不疲劳　2　3　4　有点累但能接受　7　8　9　筋疲力尽

精神状态	[ ] 好	[ ] 一般	[ ] 不好
训练前一晚睡眠	[ ] 好	[ ] 一般	[ ] 不好
训练后食欲	[ ] 好	[ ] 一般	[ ] 不好
训练时排汗量	[ ] 少	[ ] 一般	[ ] 多

你的感受________________________________

每日一问

女性的耐力不如男性吗？

从生理机制来看，男性的心肺功能、血红蛋白含量等决定耐力水平的生理因素都要优于女性，所以从绝对的跑步成绩来看，女性通常无法跟男性相比，但从潜在的进步空间方面来看，女性进步空间其实比男性还要更大一些。

星 期 三

•大 暑•

7 月 22 日

庚子年六月初二

训练日记

TRAINING DIARY

跑步训练 [ ]　　跑步时长______时______分　距离______公里

其他运动 [ ]　　______________________

训练主观参数

SUBJECTIVE PARAMETERS

疲劳程度______分　1~10 分，1 分代表根本不疲劳，10 分代表筋疲力尽。

根本不疲劳　2　3　4　有点累但能接受　7　8　9　筋疲力尽

精神状态　[ ] 好　[ ] 一般　[ ] 不好

训练前一晚睡眠　[ ] 好　[ ] 一般　[ ] 不好

训练后食欲　[ ] 好　[ ] 一般　[ ] 不好

训练时排汗量　[ ] 少　[ ] 一般　[ ] 多

你的感受______________________

每日一问

赛前早餐该如何吃？

一般应在比赛前 2~3 小时吃完早餐。早餐要吃易消化的食物，最好是“三少一多”，即产气食物少、食物体积小、含膳食纤维少，热量高。不要吃油腻的食物。

星 期 四

7 月 23 日
庚子年六月初三

训练日记

TRAINING DIARY

跑步训练 [ ] 跑步时长______时______分 距离______公里

其他运动 [ ] ____________________

训练主观参数

SUBJECTIVE PARAMETERS

疲劳程度______分 1~10 分，1 分代表根本不疲劳，10 分代表筋疲力尽。

根本不疲劳 2 3 4 有点累但能接受 7 8 9 筋疲力尽

精神状态	[ ] 好	[ ] 一般	[ ] 不好
训练前一晚睡眠	[ ] 好	[ ] 一般	[ ] 不好
训练后食欲	[ ] 好	[ ] 一般	[ ] 不好
训练时排汗量	[ ] 少	[ ] 一般	[ ] 多

你的感受______________________________

每日一问

马拉松是什么时候成为奥运会比赛项目的？

为纪念跑完 40 多公里为传递胜利喜讯而壮烈牺牲的士兵菲迪皮茨，早在现代第一届奥林匹克运动会上，马拉松就已经是正式比赛项目了。

星 期 五

7 月 24 日
庚子年六月初四

24

训练日记

TRAINING DIARY

跑步训练 [ ]　　跑步时长______时______分　距离______公里

其他运动 [ ]　　______________________

训练主观参数

SUBJECTIVE PARAMETERS

疲劳程度______分　1~10 分，1 分代表根本不疲劳，10 分代表筋疲力尽。

根本不疲劳　2　3　4　有点累但能接受　7　8　9　筋疲力尽

精神状态　[ ] 好　[ ] 一般　[ ] 不好

训练前一晚睡眠　[ ] 好　[ ] 一般　[ ] 不好

训练后食欲　[ ] 好　[ ] 一般　[ ] 不好

训练时排汗量　[ ] 少　[ ] 一般　[ ] 多

你的感受______________________

为什么说马拉松完美地诠释了奥林匹克精神？

历史上最优秀的长跑运动员之一扎托佩克曾说过："如果你想体验奔跑的感觉，1 公里就足够了；但如果你想体验另一种人生，就要投入马拉松运动中。"马拉松运动充分诠释了伟大的奥林匹克精神：重要的是参与，不是获得胜利；相互理解；友谊；团结；公平竞争；更高、更快、更强。

星期六

7月25日
庚子年六月初五

训练日记

TRAINING DIARY

跑步训练 [ ]　　跑步时长______时______分　距离______公里

其他运动 [ ]　　____________________

训练主观参数

SUBJECTIVE PARAMETERS

疲劳程度______分　1~10分，1分代表根本不疲劳，10分代表筋疲力尽。

根本不疲劳　2　3　4　有点累但能接受　7　8　9　筋疲力尽

精神状态　[ ] 好　[ ] 一般　[ ] 不好

训练前一晚睡眠　[ ] 好　[ ] 一般　[ ] 不好

训练后食欲　[ ] 好　[ ] 一般　[ ] 不好

训练时排汗量　[ ] 少　[ ] 一般　[ ] 多

你的感受____________________

每日一问

哪些跑者需要间歇跑训练？

希望在马拉松比赛中实现个人最好成绩，不断提升个人耐力水平的跑者需要适度进行间歇跑训练，以追求健康为目的的大众跑者并非一定需要。换句话说，间歇跑只适合部分跑者。

星 期 日

7 月 26 日

庚子年六月初六

训练日记

TRAINING DIARY

跑步训练 [ ]　　跑步时长______时______分　距离______公里

其他运动 [ ]　　____________________

训练主观参数

SUBJECTIVE PARAMETERS

疲劳程度______分　1~10 分，1 分代表根本不疲劳，10 分代表筋疲力尽。

根本不疲劳　2　3　4　有点累但能接受　7　8　9　筋疲力尽

精神状态	[ ] 好	[ ] 一般	[ ] 不好
训练前一晚睡眠	[ ] 好	[ ] 一般	[ ] 不好
训练后食欲	[ ] 好	[ ] 一般	[ ] 不好
训练时排汗量	[ ] 少	[ ] 一般	[ ] 多

你的感受____________________

每日一问

跑步时是吸气更重要还是呼气更重要?

呼气更重要。通过充分呼气,可以进一步降低肺内压,加大肺内压与大气压之间的压力差,这样是顺压力差,下一口气自然能吸入更多空气。

星 期 一

27

7 月 27 日
庚子年六月初七

训练日记

TRAINING DIARY

跑步训练 [ ]　　跑步时长______时______分　距离______公里

其他运动 [ ]　　______________________

训练主观参数

SUBJECTIVE PARAMETERS

疲劳程度______分　1~10 分，1 分代表根本不疲劳，10 分代表筋疲力尽。

根本不疲劳　2　3　4　有点累但能接受　7　8　9　筋疲力尽

精神状态　[ ] 好　[ ] 一般　[ ] 不好

训练前一晚睡眠　[ ] 好　[ ] 一般　[ ] 不好

训练后食欲　[ ] 好　[ ] 一般　[ ] 不好

训练时排汗量　[ ] 少　[ ] 一般　[ ] 多

你的感受______________________________

每日一问

跑者应该如何摄取主食?

主食可以分为精制主食和全谷类、薯类。米饭和面条属于精制主食，升糖指数高，有利于快速补充能量，而玉米、麦片、红薯、山药等全谷类、薯类主食升糖指数低，更加健康。

星 期 二

7 月 28 日
庚子年六月初八

28

训练日记

TRAINING DIARY

跑步训练 [ ]　　跑步时长______时______分　距离______公里

其他运动 [ ]　　______________________

训练主观参数

SUBJECTIVE PARAMETERS

疲劳程度______分　1~10 分，1 分代表根本不疲劳，10 分代表筋疲力尽。

根本不疲劳　2　3　4　有点累但能接受　7　8　9　筋疲力尽

精神状态　[ ] 好　[ ] 一般　[ ] 不好

训练前一晚睡眠　[ ] 好　[ ] 一般　[ ] 不好

训练后食欲　[ ] 好　[ ] 一般　[ ] 不好

训练时排汗量　[ ] 少　[ ] 一般　[ ] 多

你的感受______________________

每日一问

什么叫“延迟性肌肉酸痛”？

在承受较大负荷运动量的情况下，运动负荷超出肌肉承受能力，引发肌肉酸痛反应。这种反应并不会在运动结束后马上发生，而是在运动后 24~48 小时达到高峰，因此被称为“延迟性肌肉酸痛”。

星 期 三

29

7 月 29 日
庚子年六月初九

训练日记

TRAINING DIARY

跑步训练 [ ]　　跑步时长______时______分　距离______公里

其他运动 [ ]　　____________________

训练主观参数

SUBJECTIVE PARAMETERS

疲劳程度______分　1~10 分，1 分代表根本不疲劳，10 分代表筋疲力尽。

根本不疲劳　2　3　4　有点累但能接受　7　8　9　筋疲力尽

精神状态	[ ] 好	[ ] 一般	[ ] 不好
训练前一晚睡眠	[ ] 好	[ ] 一般	[ ] 不好
训练后食欲	[ ] 好	[ ] 一般	[ ] 不好
训练时排汗量	[ ] 少	[ ] 一般	[ ] 多

你的感受____________________

每日一问

跑者是不是需要多吃主食?

跑步会消耗体内的糖，所以跑者的确需要适度摄入主食，比如米饭和面条。但一般正常饮食就足以获得足够的糖，没必要过度强调多吃主食，主食摄入过多不利于体重控制。

星 期 四

30

7 月 30 日
庚子年六月初十

训练日记

TRAINING DIARY

跑步训练 [ ]　　跑步时长______时______分　距离______公里

其他运动 [ ]　　______________________

训练主观参数

SUBJECTIVE PARAMETERS

疲劳程度______分　1~10 分，1 分代表根本不疲劳，10 分代表筋疲力尽。

根本不疲劳　2　3　4　有点累但能接受　7　8　9　筋疲力尽

精神状态	[ ] 好	[ ] 一般	[ ] 不好
训练前一晚睡眠	[ ] 好	[ ] 一般	[ ] 不好
训练后食欲	[ ] 好	[ ] 一般	[ ] 不好
训练时排汗量	[ ] 少	[ ] 一般	[ ] 多

你的感受______________________

为什么跑步不要穿纯棉衣服？

棉质服装贴身穿着舒适，但跑步时大量出汗，棉质衣服导汗、蒸发性能较差，常常会湿漉漉地黏在身上。这样不仅让你很难受，还会增加摩擦。跑步时应穿着速干面料的轻质服装。

星 期 五

7 月 31 日
庚子年六月十一

31

训练日记

TRAINING DIARY

跑步训练 [ ]　　跑步时长______时______分　距离______公里

其他运动 [ ]　　______________________

训练主观参数

SUBJECTIVE PARAMETERS

疲劳程度______分　1~10 分，1 分代表根本不疲劳，10 分代表筋疲力尽。

根本不疲劳　2　3　4　有点累但能接受　7　8　9　筋疲力尽

精神状态　[ ] 好　[ ] 一般　[ ] 不好

训练前一晚睡眠　[ ] 好　[ ] 一般　[ ] 不好

训练后食欲　[ ] 好　[ ] 一般　[ ] 不好

训练时排汗量　[ ] 少　[ ] 一般　[ ] 多

你的感受______________________

8 月

2020

跑者

日记

RUNNERS

DIARY

AUG.

每日打卡

1	2	3	4	5	6	7	8	9	10	11	12	13	14	15

每月计划

周日 SUN.	周一 MON.	周二 TUE.	周三 WED.

DAILY ATTENDANCE

16	17	18	19	20	21	22	23	24	25	26	27	28	29	30	31

MONTHLY PLAN

周四 THUR.	周五 FRI.	周六 SAT.

8

AUG.

月度总结

MONTHLY SUMMARY

每日一问

跑步时人体主要靠什么部位发力?

跑步是一项全身运动，需要全身肌肉协调发力。

所以全身力量越均衡越协调，跑步表现就越好。

星 期 六

• 建军节 •

8 月 1 日
庚子年六月十二

1

训练日记

TRAINING DIARY

跑步训练 [ ]　　跑步时长______时______分　距离______公里

其他运动 [ ]　　______________________

训练主观参数

SUBJECTIVE PARAMETERS

疲劳程度______分　1~10 分，1 分代表根本不疲劳，10 分代表筋疲力尽。

根本不疲劳　2　3　4　有点累但能接受　7　8　9　筋疲力尽

精神状态	[ ] 好	[ ] 一般	[ ] 不好
训练前一晚睡眠	[ ] 好	[ ] 一般	[ ] 不好
训练后食欲	[ ] 好	[ ] 一般	[ ] 不好
训练时排汗量	[ ] 少	[ ] 一般	[ ] 多

你的感受______________________

每日一问

跑步能让皮肤变好吗？

跑步加速了皮肤微循环，使皮肤得到更多的营养，改善了皮肤代谢，而且经常跑步的人精神和精力都会更加旺盛，这也使得他们看上去容光焕发。但户外运动也会对皮肤产生一些伤害，这主要看你是否会保护皮肤。

星 期 日

8 月 2 日
庚子年六月十三

2

训练日记

TRAINING DIARY

跑步训练 [ ]　　跑步时长______时______分　距离______公里

其他运动 [ ]　　______________________

训练主观参数

SUBJECTIVE PARAMETERS

疲劳程度______分　1~10 分，1 分代表根本不疲劳，10 分代表筋疲力尽。

根本不疲劳　2　3　4　有点累但能接受　7　8　9　筋疲力尽

精神状态　[ ] 好　[ ] 一般　[ ] 不好

训练前一晚睡眠　[ ] 好　[ ] 一般　[ ] 不好

训练后食欲　[ ] 好　[ ] 一般　[ ] 不好

训练时排汗量　[ ] 少　[ ] 一般　[ ] 多

你的感受______________________

每日一问

为什么跑步时呼吸太过急促反而会降低呼吸效率?

由于呼吸道本身也会占据一定气体容积，所以当呼吸过于急促时，会导致气体在气道来回进出，而真正进出肺部的气体却没那么多。所以跑步时需要适当控制呼吸频率，加大呼吸深度。

星 期 一

3

8 月 3 日
庚子年六月十四

训练日记

TRAINING DIARY

跑步训练 [ ]　　跑步时长______时______分　距离______公里

其他运动 [ ]　　______________________

训练主观参数

SUBJECTIVE PARAMETERS

疲劳程度______分　1~10 分，1 分代表根本不疲劳，10 分代表筋疲力尽。

根本不疲劳　2　3　4　有点累但能接受　7　8　9　筋疲力尽

精神状态　[ ] 好　[ ] 一般　[ ] 不好

训练前一晚睡眠　[ ] 好　[ ] 一般　[ ] 不好

训练后食欲　[ ] 好　[ ] 一般　[ ] 不好

训练时排汗量　[ ] 少　[ ] 一般　[ ] 多

你的感受______________________

每日一问

为什么跑步时要保证全身力线排列良好?

力线排列良好指的是跑步时全身尤其是下肢关节排列良好，没有出现高低肩、骨盆上下扭动、髋过度内收、膝过度内扣、脚过度外翻等情况。一个部位力线排列不好就会引发连锁反应，导致伤痛。

星 期 二

4

8 月 4 日
庚子年六月十五

训练日记

TRAINING DIARY

跑步训练 [ ]　　跑步时长______时______分　距离______公里

其他运动 [ ]　　____________________

训练主观参数

SUBJECTIVE PARAMETERS

疲劳程度______分　1~10 分，1 分代表根本不疲劳，10 分代表筋疲力尽。

根本不疲劳　2　3　4　有点累但能接受　7　8　9　筋疲力尽

精神状态　[ ] 好　[ ] 一般　[ ] 不好

训练前一晚睡眠　[ ] 好　[ ] 一般　[ ] 不好

训练后食欲　[ ] 好　[ ] 一般　[ ] 不好

训练时排汗量　[ ] 少　[ ] 一般　[ ] 多

你的感受______________________________

每日一问

跑步究竟应该跑多快？

从配速角度而言，跑步可以分为轻松跑、马拉松配速跑、乳酸阈跑、间歇跑、冲刺跑。以健康或减肥为目的的跑步，要以轻松跑为主。如果为了马拉松 PB（personal best，个人最好成绩），你需要运用多种速度跑法才能更好地提升能力。

星 期 三

5

8 月 5 日
庚子年六月十六

训练日记

TRAINING DIARY

跑步训练 [ ]　　跑步时长______时______分　距离______公里

其他运动 [ ]　　______________________

训练主观参数

SUBJECTIVE PARAMETERS

疲劳程度______分　1~10 分，1 分代表根本不疲劳，10 分代表筋疲力尽。

根本不疲劳　2　3　4　有点累但能接受　7　8　9　筋疲力尽

精神状态　[ ] 好　[ ] 一般　[ ] 不好

训练前一晚睡眠　[ ] 好　[ ] 一般　[ ] 不好

训练后食欲　[ ] 好　[ ] 一般　[ ] 不好

训练时排汗量　[ ] 少　[ ] 一般　[ ] 多

你的感受______________________

每日一问

低碳水饮食减脂效果好吗？

低碳水饮食并不比低脂饮食减肥效果更好。目前主流观点认为，减少碳水化合物或脂肪摄入都有助于减肥。况且，绝对的低碳水饮食是做不到的。

星 期 四

6

8 月 6 日
庚子年六月十七

训练日记

TRAINING DIARY

跑步训练 [ ]　　跑步时长______时______分　距离______公里

其他运动 [ ]　　______________________

训练主观参数

SUBJECTIVE PARAMETERS

疲劳程度______分　1~10 分，1 分代表根本不疲劳，10 分代表筋疲力尽。

根本不疲劳　2　3　4　有点累但能接受　7　8　9　筋疲力尽

精神状态　[ ] 好　[ ] 一般　[ ] 不好

训练前一晚睡眠　[ ] 好　[ ] 一般　[ ] 不好

训练后食欲　[ ] 好　[ ] 一般　[ ] 不好

训练时排汗量　[ ] 少　[ ] 一般　[ ] 多

你的感受______________________

以提升耐力和获得良好比赛成绩为目的，该怎么训练？

这时你就不能只是进行轻松跑了。你需要将轻松跑、马拉松配速跑、乳酸阈跑、间歇跑、冲刺跑安排到你的训练中。这样才能全面提升你的耐力，并为比赛做好准备。

星 期 五

•立 秋•

8 月 7 日
庚子年六月十八

训练日记

TRAINING DIARY

跑步训练 [ ]　　跑步时长______时______分　距离______公里

其他运动 [ ]　　____________________

训练主观参数

SUBJECTIVE PARAMETERS

疲劳程度______分　1~10 分，1 分代表根本不疲劳，10 分代表筋疲力尽。

根本不疲劳　2　3　4　有点累但能接受　7　8　9　筋疲力尽

精神状态　[ ] 好　[ ] 一般　[ ] 不好

训练前一晚睡眠　[ ] 好　[ ] 一般　[ ] 不好

训练后食欲　[ ] 好　[ ] 一般　[ ] 不好

训练时排汗量　[ ] 少　[ ] 一般　[ ] 多

你的感受____

每日一问

中暑有哪些表现?

如果跑步时突然出现头痛、头晕、呕吐、肌肉抽筋等症状，应首先想到可能发生了中暑，这时应当立即停止运动，寻找阴凉通风处，迅速补水。要保持冷静，必要时拨打120或寻求帮助。

星　期　六

8

8 月 8 日
庚子年六月十九

训练日记

TRAINING DIARY

跑步训练 [ ]　　跑步时长______时______分　距离______公里

其他运动 [ ]　　______________________

训练主观参数

SUBJECTIVE PARAMETERS

疲劳程度______分　1~10 分，1 分代表根本不疲劳，10 分代表筋疲力尽。

根本不疲劳　2　3　4　有点累但能接受　7　8　9　筋疲力尽

精神状态　[ ] 好　[ ] 一般　[ ] 不好

训练前一晚睡眠　[ ] 好　[ ] 一般　[ ] 不好

训练后食欲　[ ] 好　[ ] 一般　[ ] 不好

训练时排汗量　[ ] 少　[ ] 一般　[ ] 多

你的感受______________________

每日一问

为什么经过训练，你的耐力水平可以得到有效提升？

跑步后人体会发生疲劳，但如果负荷合理、休息得当，经过一段时间后，你的运动能力不仅可以达到个人原有水平，甚至会超过身体原有水平。这个超出部分，就是你通过运动所获得的提高，专业术语称之为“超量恢复”。

星　期　日

9

8 月 9 日
庚子年六月二十

训练日记

TRAINING DIARY

跑步训练 [ ]　　跑步时长______时______分　距离______公里

其他运动 [ ]　　______________________

训练主观参数

SUBJECTIVE PARAMETERS

疲劳程度______分　1~10 分，1 分代表根本不疲劳，10 分代表筋疲力尽。

根本不疲劳　2　3　4　有点累但能接受　7　8　9　筋疲力尽

精神状态　[ ] 好　[ ] 一般　[ ] 不好

训练前一晚睡眠　[ ] 好　[ ] 一般　[ ] 不好

训练后食欲　[ ] 好　[ ] 一般　[ ] 不好

训练时排汗量　[ ] 少　[ ] 一般　[ ] 多

你的感受______________________

每日一问

如何吃健身餐？

健身餐，又被称为“轻食”，以蔬菜、鸡胸肉、牛肉、糙米饭、谷薯类为主。这类食物营养成分全面，热量较低，脂肪和糖含量较少。但这类食物通常口感一般，所以要变换花样吃，否则很难长久坚持。

星 期 一

10

8 月 10 日
庚子年六月廿一

训练日记

TRAINING DIARY

跑步训练 [ ]　　跑步时长______时______分　距离______公里

其他运动 [ ]　　______________________

训练主观参数

SUBJECTIVE PARAMETERS

疲劳程度______分　1~10 分，1 分代表根本不疲劳，10 分代表筋疲力尽。

根本不疲劳　2　3　4　有点累但能接受　7　8　9　筋疲力尽

精神状态	[ ] 好	[ ] 一般	[ ] 不好
训练前一晚睡眠	[ ] 好	[ ] 一般	[ ] 不好
训练后食欲	[ ] 好	[ ] 一般	[ ] 不好
训练时排汗量	[ ] 少	[ ] 一般	[ ] 多

你的感受______________________

每日一问

跑鞋的回弹是指什么？

跑鞋的中底基本上都是由弹性材料制成的，在受压时（比如脚落地时）会发生形变。在蹬地阶段，当压力去除后，中底在恢复原有形状的过程中会释放弹性势能，这就是跑鞋的回弹。回弹越充分越能提升跑步经济性。但总体而言，这种弹性势能非常有限，因为中底毕竟不是弹簧。

星 期 二

8 月 11 日
庚子年六月廿二

训练日记

TRAINING DIARY

跑步训练 [ ]　　跑步时长______时______分　距离______公里

其他运动 [ ]　　______________________

训练主观参数

SUBJECTIVE PARAMETERS

疲劳程度______分　1~10 分，1 分代表根本不疲劳，10 分代表筋疲力尽。

根本不疲劳　2　3　4　有点累但能接受　7　8　9　筋疲力尽

精神状态　[ ] 好　[ ] 一般　[ ] 不好

训练前一晚睡眠　[ ] 好　[ ] 一般　[ ] 不好

训练后食欲　[ ] 好　[ ] 一般　[ ] 不好

训练时排汗量　[ ] 少　[ ] 一般　[ ] 多

你的感受______________________

不重视中暑可能会有什么危害？

在夏季跑步时如果不重视轻症中暑，强行坚持运动，容易演变为重症中暑。最为严重的两类情况是中暑衰竭和热射病。前者的表现为血压低、冒冷汗，后者的表现为无汗、体温升高，若不及时抢救有生命危险。

星　期　三

8 月 12 日
庚子年六月廿三

12

训练日记

TRAINING DIARY

跑步训练 [ ]　　跑步时长______时______分　距离______公里

其他运动 [ ]　　______________________

训练主观参数

SUBJECTIVE PARAMETERS

疲劳程度______分　1~10 分，1 分代表根本不疲劳，10 分代表筋疲力尽。

根本不疲劳　2　3　4　有点累但能接受　7　8　9　筋疲力尽

精神状态	[ ] 好	[ ] 一般	[ ] 不好
训练前一晚睡眠	[ ] 好	[ ] 一般	[ ] 不好
训练后食欲	[ ] 好	[ ] 一般	[ ] 不好
训练时排汗量	[ ] 少	[ ] 一般	[ ] 多

你的感受______________________

少量饮酒，特别是葡萄酒有益健康吗？

酒精是致癌物质，哪怕少量饮酒也有害健康。

为了健康要尽可能做到滴酒不沾。

星 期 四

13

8 月 13 日
庚子年六月廿四

训练日记

TRAINING DIARY

跑步训练 [ ]　　跑步时长______时______分　距离______公里

其他运动 [ ]　　______________________

训练主观参数

SUBJECTIVE PARAMETERS

疲劳程度______分　1~10 分，1 分代表根本不疲劳，10 分代表筋疲力尽。

根本不疲劳　2　3　4　有点累但能接受　7　8　9　筋疲力尽

精神状态	[ ] 好	[ ] 一般	[ ] 不好
训练前一晚睡眠	[ ] 好	[ ] 一般	[ ] 不好
训练后食欲	[ ] 好	[ ] 一般	[ ] 不好
训练时排汗量	[ ] 少	[ ] 一般	[ ] 多

你的感受______________________________

每日一问

跑步时该如何摆臂？

跑步时摆臂的要领是以肩为轴心前后协调摆臂，肩膀放松，手半握拳，前不露肘，后不露手。不要左右摆臂，但随着躯干左右轻微旋转，手臂可以随之轻微转动。

星 期 五

14

8 月 14 日
庚子年六月廿五

训练日记

TRAINING DIARY

跑步训练 [ ]　　跑步时长______时______分　距离______公里

其他运动 [ ]　　______________________

训练主观参数

SUBJECTIVE PARAMETERS

疲劳程度______分　1~10 分，1 分代表根本不疲劳，10 分代表筋疲力尽。

根本不疲劳　2　3　4　有点累但能接受　7　8　9　筋疲力尽

精神状态	[ ] 好	[ ] 一般	[ ] 不好
训练前一晚睡眠	[ ] 好	[ ] 一般	[ ] 不好
训练后食欲	[ ] 好	[ ] 一般	[ ] 不好
训练时排汗量	[ ] 少	[ ] 一般	[ ] 多

你的感受______________________

评价耐力的三大指标是什么？

分别是最大摄氧量、乳酸阈和跑步经济性。最大摄氧量是指跑步时心肺达到极限时所摄取的氧量；乳酸阈则是从有氧运动到无氧运动的拐点；同等速度下能耗越低跑步经济性越高。在三大指标中，乳酸阈和跑步经济性经过训练可以得到较为明显的提升，但最大摄氧量受遗传影响较大。

星 期 六

15

8 月 15 日
庚子年六月廿六

训练日记

TRAINING DIARY

跑步训练 [ ]　　跑步时长______时______分　距离______公里

其他运动 [ ]　　______________________

训练主观参数

SUBJECTIVE PARAMETERS

疲劳程度______分　1~10 分，1 分代表根本不疲劳，10 分代表筋疲力尽。

根本不疲劳　2　3　4　有点累但能接受　7　8　9　筋疲力尽

精神状态　[ ] 好　[ ] 一般　[ ] 不好

训练前一晚睡眠　[ ] 好　[ ] 一般　[ ] 不好

训练后食欲　[ ] 好　[ ] 一般　[ ] 不好

训练时排汗量　[ ] 少　[ ] 一般　[ ] 多

你的感受______________________

每日一问

跑步可以预防糖尿病吗？

跑步不仅可以预防糖尿病，也是糖尿病患者重要的非药物治疗手段。

星 期 日

8 月 16 日
庚子年六月廿七

16

训练日记

TRAINING DIARY

跑步训练 [ ]　　跑步时长______时______分　距离______公里

其他运动 [ ]　　______________________

训练主观参数

SUBJECTIVE PARAMETERS

疲劳程度______分　1~10 分，1 分代表根本不疲劳，10 分代表筋疲力尽。

根本不疲劳　2　3　4　有点累但能接受　7　8　9　筋疲力尽

精神状态　[ ] 好　[ ] 一般　[ ] 不好

训练前一晚睡眠　[ ] 好　[ ] 一般　[ ] 不好

训练后食欲　[ ] 好　[ ] 一般　[ ] 不好

训练时排汗量　[ ] 少　[ ] 一般　[ ] 多

你的感受______________________________

每日一问

跑步中的“送髋”是什么意思？

跑步时大腿不断重复前摆和后蹬动作，“送髋”指的就是大腿前摆过程。速度越快，大腿前摆幅度越大，送髋越明显。加强屈髋肌力量有助于形成送髋动作。

星 期 一

8 月 17 日
庚子年六月廿八

17

训练日记

TRAINING DIARY

跑步训练 [ ]　　跑步时长______时______分　距离______公里

其他运动 [ ]　　______________________

训练主观参数

SUBJECTIVE PARAMETERS

疲劳程度______分　1~10 分，1 分代表根本不疲劳，10 分代表筋疲力尽。

根本不疲劳　2　3　4　有点累但能接受　7　8　9　筋疲力尽

精神状态　[ ] 好　[ ] 一般　[ ] 不好

训练前一晚睡眠　[ ] 好　[ ] 一般　[ ] 不好

训练后食欲　[ ] 好　[ ] 一般　[ ] 不好

训练时排汗量　[ ] 少　[ ] 一般　[ ] 多

你的感受______________________________

每日一问

压缩裤与弹力裤有什么区别？

压缩裤主要能提供梯度压力，即小腿处压力大于大腿处压力，而弹力裤提供的是均匀的压力。另外，两者在价格上也有很大区别。

星 期 二

18

8 月 18 日
庚子年六月廿九

训练日记

TRAINING DIARY

跑步训练 [ ]　　跑步时长______时______分　距离______公里

其他运动 [ ]　　____________________

训练主观参数

SUBJECTIVE PARAMETERS

疲劳程度______分　1~10 分，1 分代表根本不疲劳，10 分代表筋疲力尽。

根本不疲劳　2　3　4　有点累但能接受　7　8　9　筋疲力尽

精神状态　[ ] 好　[ ] 一般　[ ] 不好

训练前一晚睡眠　[ ] 好　[ ] 一般　[ ] 不好

训练后食欲　[ ] 好　[ ] 一般　[ ] 不好

训练时排汗量　[ ] 少　[ ] 一般　[ ] 多

你的感受____________________

每日一问

高温是导致中暑的唯一原因吗？

夏季跑步中暑风险大。即使温度不是太高，但如果空气湿度大，同样会导致身体散热不佳，引发中暑。温度介于 21~25 摄氏度，湿度超过 70% 就有中度的中暑风险。

星　期　三

8 月 19 日
庚子年七月初一

19

训练日记

TRAINING DIARY

跑步训练 [ ]　　跑步时长______时______分　距离______公里

其他运动 [ ]　　______________________

训练主观参数

SUBJECTIVE PARAMETERS

疲劳程度______分　1~10 分，1 分代表根本不疲劳，10 分代表筋疲力尽。

根本不疲劳　2　3　4　有点累但能接受　7　8　9　筋疲力尽

精神状态　[ ] 好　[ ] 一般　[ ] 不好

训练前一晚睡眠　[ ] 好　[ ] 一般　[ ] 不好

训练后食欲　[ ] 好　[ ] 一般　[ ] 不好

训练时排汗量　[ ] 少　[ ] 一般　[ ] 多

你的感受______________________

每日一问

延迟性肌肉酸痛通过什么方法可以得到缓解?

延迟性肌肉酸痛是肌肉对于运动负荷的正常反应，无须特别处理，几天后自然缓解，此后肌肉承受能力会得到增强。大多数放松方法，比如拉伸和按摩，并不能有效缓解延迟性肌肉酸痛。

星 期 四

8 月 20 日
庚子年七月初二

训练日记

TRAINING DIARY

跑步训练 [ ]　　跑步时长______时______分　距离______公里

其他运动 [ ]　　______________________

训练主观参数

SUBJECTIVE PARAMETERS

疲劳程度______分　1~10 分，1 分代表根本不疲劳，10 分代表筋疲力尽。

根本不疲劳　2　3　4　有点累但能接受　7　8　9　筋疲力尽

精神状态　[ ] 好　[ ] 一般　[ ] 不好

训练前一晚睡眠　[ ] 好　[ ] 一般　[ ] 不好

训练后食欲　[ ] 好　[ ] 一般　[ ] 不好

训练时排汗量　[ ] 少　[ ] 一般　[ ] 多

你的感受______________________

每日一问

坚持跑步就是为马拉松备赛吗?

坚持跑步只能表明你有良好的跑步习惯，而马拉松是一项长时间、大强度的极限运动，为了使自己能达到跑完全程所需要的体能，你需要更加系统、有较强计划性的训练。

星 期 五

8 月 21 日
庚子年七月初三

21

训练日记

TRAINING DIARY

跑步训练 [ ]　　跑步时长______时______分　距离______公里

其他运动 [ ]　　______________________

训练主观参数

SUBJECTIVE PARAMETERS

疲劳程度______分　1~10 分，1 分代表根本不疲劳，10 分代表筋疲力尽。

根本不疲劳　2　3　4　有点累但能接受　7　8　9　筋疲力尽

精神状态	[ ] 好	[ ] 一般	[ ] 不好
训练前一晚睡眠	[ ] 好	[ ] 一般	[ ] 不好
训练后食欲	[ ] 好	[ ] 一般	[ ] 不好
训练时排汗量	[ ] 少	[ ] 一般	[ ] 多

你的感受______________________________

每日一问

跑步可以改善情绪吗？

当你心情不那么好时，跑一跑，你会发现那些糟糕情绪会一扫而光，因为跑步可以显著改善焦虑和抑郁两大不良情绪，促进心理健康。

星 期 六

•处 暑•

8 月 22 日
庚子年七月初四

训练日记

TRAINING DIARY

跑步训练 [ ]　　跑步时长______时______分　距离______公里

其他运动 [ ]　　______________________

训练主观参数

SUBJECTIVE PARAMETERS

疲劳程度______分　1~10 分，1 分代表根本不疲劳，10 分代表筋疲力尽。

根本不疲劳　2　3　4　有点累但能接受　7　8　9　筋疲力尽

精神状态　[ ] 好　[ ] 一般　[ ] 不好

训练前一晚睡眠　[ ] 好　[ ] 一般　[ ] 不好

训练后食欲　[ ] 好　[ ] 一般　[ ] 不好

训练时排汗量　[ ] 少　[ ] 一般　[ ] 多

你的感受______________________

每日一问

为什么说运动是构成积极健康生活方式的最重要的组成部分?

积极运动、健康饮食、充足睡眠、心理平衡,不抽烟不喝酒都是健康生活方式的组成部分。缺乏运动,其他方面做得再好,也不能称为积极健康的生活方式。

星 期 日

23

8 月 23 日
庚子年七月初五

训练日记

TRAINING DIARY

跑步训练 [ ]　　跑步时长______时______分　距离______公里

其他运动 [ ]　　______________________

训练主观参数

SUBJECTIVE PARAMETERS

疲劳程度______分　1~10 分，1 分代表根本不疲劳，10 分代表筋疲力尽。

根本不疲劳　2　3　4　有点累但能接受　7　8　9　筋疲力尽

精神状态	[ ] 好	[ ] 一般	[ ] 不好
训练前一晚睡眠	[ ] 好	[ ] 一般	[ ] 不好
训练后食欲	[ ] 好	[ ] 一般	[ ] 不好
训练时排汗量	[ ] 少	[ ] 一般	[ ] 多

你的感受______________________

每日一问

为什么跑步时总感觉气喘不过来？

很多跑者总感觉跑步时气喘不过来，解决办法很简单，把速度降到足够慢，强度降低，耗氧量减少，你自然就会感觉呼吸没那么难受了。

星期一

24

8月24日
庚子年七月初六

训练日记

TRAINING DIARY

跑步训练 [ ]　　跑步时长______时______分　距离______公里

其他运动 [ ]　　______________________

训练主观参数

SUBJECTIVE PARAMETERS

疲劳程度______分　1~10分，1分代表根本不疲劳，10分代表筋疲力尽。

根本不疲劳　2　3　4　有点累但能接受　7　8　9　筋疲力尽

精神状态	[ ] 好	[ ] 一般	[ ] 不好
训练前一晚睡眠	[ ] 好	[ ] 一般	[ ] 不好
训练后食欲	[ ] 好	[ ] 一般	[ ] 不好
训练时排汗量	[ ] 少	[ ] 一般	[ ] 多

你的感受______________________

每日一问

跑者最常见的伤痛有哪些?

跑者最常见的五大伤痛包括:膝前痛、膝外侧痛、小腿疼痛、跟腱疼痛和足底疼痛。也就是说,膝盖、小腿、足踝是跑者最容易发生伤痛的部位。

星 期 二

• 七夕节 •

8 月 25 日
庚子年七月初七

训练日记

TRAINING DIARY

跑步训练 [ ] 跑步时长______时______分 距离______公里

其他运动 [ ] ____________________

训练主观参数

SUBJECTIVE PARAMETERS

疲劳程度______分 1~10 分，1 分代表根本不疲劳，10 分代表筋疲力尽。

根本不疲劳 2 3 4 有点累但能接受 7 8 9 筋疲力尽

精神状态	[ ] 好	[ ] 一般	[ ] 不好
训练前一晚睡眠	[ ] 好	[ ] 一般	[ ] 不好
训练后食欲	[ ] 好	[ ] 一般	[ ] 不好
训练时排汗量	[ ] 少	[ ] 一般	[ ] 多

你的感受____________________

每日一问

为什么黄梅天气温不高跑步却特别难受？

黄梅天的高湿度影响散热，而低气压则使得气体交换受到影响，虽然温度只有 26~30 摄氏度，但湿度超过 60%，中暑风险较高。所以在黄梅天跑步比较难受，要预防虚脱。

星 期 三

8 月 26 日
庚子年七月初八

训练日记

TRAINING DIARY

跑步训练 [ ]　　跑步时长______时______分　距离______公里

其他运动 [ ]　　______________________

训练主观参数

SUBJECTIVE PARAMETERS

疲劳程度______分　1~10 分，1 分代表根本不疲劳，10 分代表筋疲力尽。

根本不疲劳　2　3　4　有点累但能接受　7　8　9　筋疲力尽

精神状态　[ ] 好　[ ] 一般　[ ] 不好

训练前一晚睡眠　[ ] 好　[ ] 一般　[ ] 不好

训练后食欲　[ ] 好　[ ] 一般　[ ] 不好

训练时排汗量　[ ] 少　[ ] 一般　[ ] 多

你的感受______________________

每日一问

跑后拉伸要怎么做?

跑后做静态的拉伸，每个动作要持续 20~30 秒，不要短于 20 秒，也没有必要超过 30 秒。一个部位需要重复拉伸 2~4 次，只拉伸一次是不够的。

星 期 四

27

8 月 27 日
庚子年七月初九

训练日记

TRAINING DIARY

跑步训练 [ ]　　跑步时长______时______分　距离______公里

其他运动 [ ]　　______________________

训练主观参数

SUBJECTIVE PARAMETERS

疲劳程度______分　1~10 分，1 分代表根本不疲劳，10 分代表筋疲力尽。

根本不疲劳　2　3　4　有点累但能接受　7　8　9　筋疲力尽

精神状态　[ ] 好　[ ] 一般　[ ] 不好

训练前一晚睡眠　[ ] 好　[ ] 一般　[ ] 不好

训练后食欲　[ ] 好　[ ] 一般　[ ] 不好

训练时排汗量　[ ] 少　[ ] 一般　[ ] 多

你的感受______________________

每日一问

跑姿合理的表现是什么？

科学合理的跑姿要做到稳定、协调和轻盈。稳定是指躯干保持稳定；协调是指手脚配合协调；轻盈则是指落地轻盈，脚步声比较小。

星 期 五

28

8 月 28 日
庚子年七月初十

训练日记

TRAINING DIARY

跑步训练 [ ]　　跑步时长______时______分　距离______公里

其他运动 [ ]　　______________________

训练主观参数

SUBJECTIVE PARAMETERS

疲劳程度______分　1~10 分，1 分代表根本不疲劳，10 分代表筋疲力尽。

根本不疲劳　2　3　4　有点累但能接受　7　8　9　筋疲力尽

精神状态	[ ] 好	[ ] 一般	[ ] 不好
训练前一晚睡眠	[ ] 好	[ ] 一般	[ ] 不好
训练后食欲	[ ] 好	[ ] 一般	[ ] 不好
训练时排汗量	[ ] 少	[ ] 一般	[ ] 多

你的感受______________________

每日一问

跑步会导致软骨磨损吗？

正确地跑步不仅不会导致软骨磨损，反而有利于软骨健康，因为运动时对软骨的适度挤压有利于关节滑液为关节软骨提供营养。

星 期 六

8 月 29 日
庚子年七月十一

训练日记

TRAINING DIARY

跑步训练 [ ]　　跑步时长______时______分　距离______公里

其他运动 [ ]　　______________________

训练主观参数

SUBJECTIVE PARAMETERS

疲劳程度______分　1~10 分，1 分代表根本不疲劳，10 分代表筋疲力尽。

根本不疲劳　2　3　4　有点累但能接受　7　8　9　筋疲力尽

精神状态　[ ] 好　[ ] 一般　[ ] 不好

训练前一晚睡眠　[ ] 好　[ ] 一般　[ ] 不好

训练后食欲　[ ] 好　[ ] 一般　[ ] 不好

训练时排汗量　[ ] 少　[ ] 一般　[ ] 多

你的感受______________________

每日一问

如何进行乳酸阈跑训练？

进行乳酸阈跑时的心率需要达到最大心率的88%~90%，你会感觉很累，会盼着训练赶快结束，但事实上你又能坚持跑上几公里。乳酸阈跑可连续进行 20 分钟，或者每组 5~10 分钟，进行多组。

星期日

8月30日
庚子年七月十二

30

训练日记

TRAINING DIARY

跑步训练 [ ]　　跑步时长______时______分　距离______公里

其他运动 [ ]　　______________________

训练主观参数

SUBJECTIVE PARAMETERS

疲劳程度______分　1~10分，1分代表根本不疲劳，10分代表筋疲力尽。

根本不疲劳　2　3　4　有点累但能接受　7　8　9　筋疲力尽

精神状态　[ ] 好　[ ] 一般　[ ] 不好

训练前一晚睡眠　[ ] 好　[ ] 一般　[ ] 不好

训练后食欲　[ ] 好　[ ] 一般　[ ] 不好

训练时排汗量　[ ] 少　[ ] 一般　[ ] 多

你的感受______________________

每日一问

什么是好的运动饮料？

长时间跑步需要补充水、电解质和糖。好的运动饮料应当含有电解质（如钠、钾）和糖分，所以喝起来亦甜亦咸。商家为了改善口感往往会加入果味。好的运动饮料不含气、咖啡因等物质。

星 期 一

8 月 31 日
庚子年七月十三

31

训练日记

TRAINING DIARY

跑步训练 [ ] 跑步时长______时______分 距离______公里

其他运动 [ ] ____________________

训练主观参数

SUBJECTIVE PARAMETERS

疲劳程度______分 1~10 分，1 分代表根本不疲劳，10 分代表筋疲力尽。

根本不疲劳 2 3 4 有点累但能接受 7 8 9 筋疲力尽

精神状态 [ ] 好 [ ] 一般 [ ] 不好

训练前一晚睡眠 [ ] 好 [ ] 一般 [ ] 不好

训练后食欲 [ ] 好 [ ] 一般 [ ] 不好

训练时排汗量 [ ] 少 [ ] 一般 [ ] 多

你的感受____________________

9 月

2020

跑者

日记

RUNNER'S

DIARY

SEPT.

每日打卡

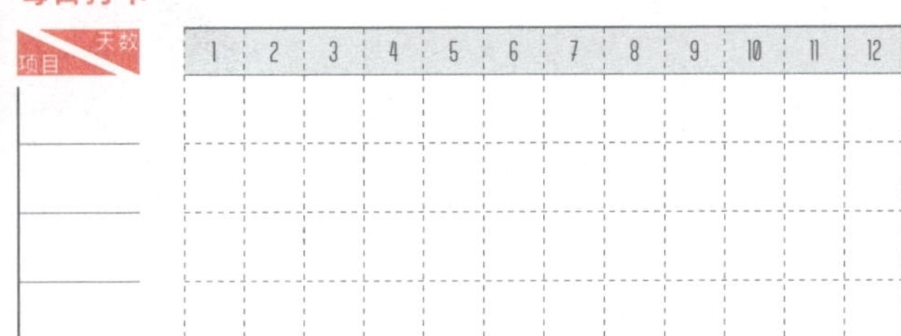

天数 项目	1	2	3	4	5	6	7	8	9	10	11	12	13	14	15

每月计划

周日 SUN.	周一 MON.	周二 TUE.	周三 WED.

DAILY ATTENDANCE

16	17	18	19	20	21	22	23	24	25	26	27	28	29	30	

MONTHLY PLAN

周四 THUR.	周五 FRI.	周六 SAT.

9

SEPT.

月度总结

MONTHLY SUMMARY

每日一问

为什么人类不可能以百米冲刺的速度跑完马拉松?

人体有三大供能系统，分别是磷酸原系统、糖酵解系统和有氧氧化系统，分别供应10秒以内，10 ～ 180 秒以及更长时间运动的能量。百米冲刺主要靠磷酸原系统供能，该系统最多只能维持 10 秒左右，所以人类是不可能以百米冲刺的速度跑完马拉松的。马拉松运动主要依靠有氧氧化系统供能。

星 期 二

9 月 1 日
庚子年七月十四

训练日记

TRAINING DIARY

跑步训练 [ ]　　跑步时长______时______分　距离______公里

其他运动 [ ]　　________________________

训练主观参数

SUBJECTIVE PARAMETERS

疲劳程度______分　1~10 分，1 分代表根本不疲劳，10 分代表筋疲力尽。

根本不疲劳　2　3　4　有点累但能接受　7　8　9　筋疲力尽

精神状态	[ ] 好	[ ] 一般	[ ] 不好
训练前一晚睡眠	[ ] 好	[ ] 一般	[ ] 不好
训练后食欲	[ ] 好	[ ] 一般	[ ] 不好
训练时排汗量	[ ] 少	[ ] 一般	[ ] 多

你的感受________________________________

每日一问

跑步时脚跟着地好还是前脚掌着地好？

绝大部分大众跑者会采用脚跟着地，精英选手更多采用前脚掌着地，这都是允许的。不管何种着地方式，都要保持着地时膝关节轻度弯曲，着地点靠近重心，这样才有利于缓冲。

星 期 三

9 月 2 日
庚子年七月十五

2

训练日记

TRAINING DIARY

跑步训练 [ ]　　跑步时长______时______分　距离______公里

其他运动 [ ]　　______________________

训练主观参数

SUBJECTIVE PARAMETERS

疲劳程度______分　1~10 分，1 分代表根本不疲劳，10 分代表筋疲力尽。

根本不疲劳　2　3　4　有点累但能接受　7　8　9　筋疲力尽

精神状态　[ ] 好　[ ] 一般　[ ] 不好

训练前一晚睡眠　[ ] 好　[ ] 一般　[ ] 不好

训练后食欲　[ ] 好　[ ] 一般　[ ] 不好

训练时排汗量　[ ] 少　[ ] 一般　[ ] 多

你的感受______________________

每日一问

休息能不能解决跑者的膝痛问题?

部分有用。休息有利于损伤部位的修复，但在病因不明确的情况下，休息只是一种消极的处理方式，并且休息并不能解决跑姿以及自身力量欠缺等问题。不解决这些问题很容易导致膝痛反复发生。除了休息，治疗和积极康复也很重要。

星 期 四

9 月 3 日
庚子年七月十六

3

训练日记

TRAINING DIARY

跑步训练 [ ]　　跑步时长______时______分　距离______公里

其他运动 [ ]　　______________________

训练主观参数

SUBJECTIVE PARAMETERS

疲劳程度______分　1~10 分，1 分代表根本不疲劳，10 分代表筋疲力尽。

根本不疲劳　2　3　4　有点累但能接受　7　8　9　筋疲力尽

精神状态　[ ] 好　[ ] 一般　[ ] 不好

训练前一晚睡眠　[ ] 好　[ ] 一般　[ ] 不好

训练后食欲　[ ] 好　[ ] 一般　[ ] 不好

训练时排汗量　[ ] 少　[ ] 一般　[ ] 多

你的感受______________________

每日一问

为什么有些跑者跑步后容易出现腰痛？

跑步后出现的腰痛跟核心力量差、跑量较大、跑步时躯干以及骨盆控制不佳有关。建议评估一下自身跑姿是否存在问题，重视核心训练。

星 期 五

4

9 月 4 日
庚子年七月十七

训练日记

TRAINING DIARY

跑步训练 [ ]　　跑步时长______时______分　距离______公里

其他运动 [ ]　　______________________

训练主观参数

SUBJECTIVE PARAMETERS

疲劳程度______分　1~10 分，1 分代表根本不疲劳，10 分代表筋疲力尽。

根本不疲劳　2　3　4　有点累但能接受　7　8　9　筋疲力尽

精神状态　[ ] 好　[ ] 一般　[ ] 不好

训练前一晚睡眠　[ ] 好　[ ] 一般　[ ] 不好

训练后食欲　[ ] 好　[ ] 一般　[ ] 不好

训练时排汗量　[ ] 少　[ ] 一般　[ ] 多

你的感受______________________

每日一问

晨跑好还是夜跑好?

跑起来就好。跑者要根据个人生活习惯选择适合自己的跑步时间，而不要纠结什么时候跑步。晨跑和夜跑在锻炼效果方面没有本质区别，即使有区别也微乎其微。

星 期 六

9 月 5 日
庚子年七月十八

5

训练日记

TRAINING DIARY

跑步训练 [ ]　　跑步时长______时______分　距离______公里

其他运动 [ ]　　______________________

训练主观参数

SUBJECTIVE PARAMETERS

疲劳程度______分　1~10 分，1 分代表根本不疲劳，10 分代表筋疲力尽。

根本不疲劳　2　3　4　有点累但能接受　7　8　9　筋疲力尽

精神状态　[ ] 好　[ ] 一般　[ ] 不好

训练前一晚睡眠　[ ] 好　[ ] 一般　[ ] 不好

训练后食欲　[ ] 好　[ ] 一般　[ ] 不好

训练时排汗量　[ ] 少　[ ] 一般　[ ] 多

你的感受______________________

每日一问

想通过快走减肥，每次应持续多久时间？

为了健康而快走，每次走半小时就足够了。但如果是为了减肥而快走，建议每次走 1 小时，这样才能燃烧足够多的脂肪。

星 期 日

9 月 6 日
庚子年七月十九

训练日记

TRAINING DIARY

跑步训练 [ ]　　跑步时长______时______分　距离______公里

其他运动 [ ]　　______________________

训练主观参数

SUBJECTIVE PARAMETERS

疲劳程度______分　1~10 分，1 分代表根本不疲劳，10 分代表筋疲力尽。

根本不疲劳　2　3　4　有点累但能接受　7　8　9　筋疲力尽

精神状态	[ ] 好	[ ] 一般	[ ] 不好
训练前一晚睡眠	[ ] 好	[ ] 一般	[ ] 不好
训练后食欲	[ ] 好	[ ] 一般	[ ] 不好
训练时排汗量	[ ] 少	[ ] 一般	[ ] 多

你的感受______________________

每日一问

如何判断运动强度是否属于中等强度？

中等强度的运动，比如快走，是减肥人群的首选运动，因为它的运动体验更好。运动时呼吸和心跳加快，但能自如说话就是中等强度。运动时不能说话就是大强度。

星 期 一

• 白 露 •

9 月 7 日
庚子年七月二十

7

训练日记

TRAINING DIARY

跑步训练 [ ]　　跑步时长______时______分　距离______公里

其他运动 [ ]　　________________

训练主观参数

SUBJECTIVE PARAMETERS

疲劳程度______分　1~10 分，1 分代表根本不疲劳，10 分代表筋疲力尽。

根本不疲劳　2　3　4　有点累但能接受　7　8　9　筋疲力尽

精神状态	[ ] 好	[ ] 一般	[ ] 不好
训练前一晚睡眠	[ ] 好	[ ] 一般	[ ] 不好
训练后食欲	[ ] 好	[ ] 一般	[ ] 不好
训练时排汗量	[ ] 少	[ ] 一般	[ ] 多

你的感受________________

每日一问

肌贴可以起到保护跑者的作用吗？

肌贴本身的结构特点使它并不能起到足够的防护作用，但通过异物感刺激，有利于抑制疼痛，对部分跑者可能有效。除此之外，肌贴也有心理作用。

星 期 二

9 月 8 日
庚子年七月廿一

8

训练日记

TRAINING DIARY

跑步训练 [ ]　　跑步时长______时______分　距离______公里

其他运动 [ ]　　____________________

训练主观参数

SUBJECTIVE PARAMETERS

疲劳程度______分　1~10 分，1 分代表根本不疲劳，10 分代表筋疲力尽。

根本不疲劳　2　3　4　有点累但能接受　7　8　9　筋疲力尽

精神状态	[ ] 好	[ ] 一般	[ ] 不好
训练前一晚睡眠	[ ] 好	[ ] 一般	[ ] 不好
训练后食欲	[ ] 好	[ ] 一般	[ ] 不好
训练时排汗量	[ ] 少	[ ] 一般	[ ] 多

你的感受____________________

每日一问

为半马而备赛，月跑量一般要达到多少？

为半马而备赛，理想月跑量应当达到 120~150 公里，最少也需要达到 80 公里。跑半马前的 1~2 个月至少应跑过一次 10~15 公里的长距离跑。

星 期 三

9

9 月 9 日
庚子年七月廿二

训练日记

TRAINING DIARY

跑步训练 [ ]　　跑步时长______时______分　距离______公里

其他运动 [ ]　　____________________

训练主观参数

SUBJECTIVE PARAMETERS

疲劳程度______分　1~10 分，1 分代表根本不疲劳，10 分代表筋疲力尽。

根本不疲劳　2　3　4　有点累但能接受　7　8　9　筋疲力尽

精神状态　[ ] 好　[ ] 一般　[ ] 不好

训练前一晚睡眠　[ ] 好　[ ] 一般　[ ] 不好

训练后食欲　[ ] 好　[ ] 一般　[ ] 不好

训练时排汗量　[ ] 少　[ ] 一般　[ ] 多

你的感受____________________

每日一问

为什么减脂要采用轻松跑？

轻松跑时，脂肪供能比例最大，燃脂效果最好。所以，为了减肥而进行跑步，速度要放慢而时间则要放长。这样不仅减脂效果最好，运动体验也不错，容易坚持下去。

星期四

• 教师节 •

9 月 10 日
庚子年七月廿三

10

训练日记

TRAINING DIARY

跑步训练 [ ]　　跑步时长______时______分　距离______公里

其他运动 [ ]　　______________________

训练主观参数

SUBJECTIVE PARAMETERS

疲劳程度______分　1~10 分，1 分代表根本不疲劳，10 分代表筋疲力尽。

根本不疲劳　2　3　4　有点累但能接受　7　8　9　筋疲力尽

精神状态　[ ] 好　[ ] 一般　[ ] 不好

训练前一晚睡眠　[ ] 好　[ ] 一般　[ ] 不好

训练后食欲　[ ] 好　[ ] 一般　[ ] 不好

训练时排汗量　[ ] 少　[ ] 一般　[ ] 多

你的感受______________________

每日一问

腿部力量对于跑步是不是特别重要?

是的。跑步是一项以下肢运动为主的全身运动,腿部力量尤其重要。加强下肢力量对于提升跑步表现至关重要,但也不能忽视上肢和核心训练。

星 期 五

9 月 11 日
庚子年七月廿四

训练日记

TRAINING DIARY

跑步训练 [ ]　　跑步时长______时______分　距离______公里

其他运动 [ ]　　______________________

训练主观参数

SUBJECTIVE PARAMETERS

疲劳程度______分　1~10 分，1 分代表根本不疲劳，10 分代表筋疲力尽。

根本不疲劳　2　3　4　有点累但能接受　7　8　9　筋疲力尽

精神状态	[ ] 好	[ ] 一般	[ ] 不好
训练前一晚睡眠	[ ] 好	[ ] 一般	[ ] 不好
训练后食欲	[ ] 好	[ ] 一般	[ ] 不好
训练时排汗量	[ ] 少	[ ] 一般	[ ] 多

你的感受______________________

每日一问

跑者发生的膝外侧痛有哪些典型表现?

跑步中后程出现膝盖外侧钝痛或烧灼样疼痛，停下来后迅速缓解，平时走路没有感觉，而一旦再次跑步又会发生。

星 期 六

12

9 月 12 日
庚子年七月廿五

训练日记

TRAINING DIARY

跑步训练 [ ]　　跑步时长______时______分　距离______公里

其他运动 [ ]　　________________________

训练主观参数

SUBJECTIVE PARAMETERS

疲劳程度______分　1~10 分，1 分代表根本不疲劳，10 分代表筋疲力尽。

根本不疲劳　2　3　4　有点累但能接受　7　8　9　筋疲力尽

精神状态　[ ] 好　[ ] 一般　[ ] 不好

训练前一晚睡眠　[ ] 好　[ ] 一般　[ ] 不好

训练后食欲　[ ] 好　[ ] 一般　[ ] 不好

训练时排汗量　[ ] 少　[ ] 一般　[ ] 多

你的感受________________________________

每日一问

高强度间歇运动的最大问题是什么?

几乎不可能有人只靠高强度间歇运动就能成功减肥，因为其强度太大，训练时很累，体验说实话并不太好。高强度间歇运动适合有一定基础的人，或许也适合希望突破减肥瓶颈期的人群。

星 期 日

13

9 月 13 日
庚子年七月廿六

训练日记

TRAINING DIARY

跑步训练 [ ]　　跑步时长______时______分　距离______公里

其他运动 [ ]　　______________________

训练主观参数

SUBJECTIVE PARAMETERS

疲劳程度______分　1~10 分，1 分代表根本不疲劳，10 分代表筋疲力尽。

根本不疲劳　2　3　4　有点累但能接受　7　8　9　筋疲力尽

精神状态　[ ] 好　[ ] 一般　[ ] 不好

训练前一晚睡眠　[ ] 好　[ ] 一般　[ ] 不好

训练后食欲　[ ] 好　[ ] 一般　[ ] 不好

训练时排汗量　[ ] 少　[ ] 一般　[ ] 多

你的感受______________________________

每日一问

晨跑能帮助你养成早起的好习惯吗?

不是晨跑让你养成早起的好习惯，而是晨跑能让你养成早睡的好习惯。清晨自然醒来去跑步才容易坚持，总是被闹钟闹醒，无法养成晨跑习惯。

星 期 一

14

9 月 14 日
庚子年七月廿七

训练日记

TRAINING DIARY

跑步训练 [ ]　　跑步时长______时______分　距离______公里

其他运动 [ ]　　______________________

训练主观参数

SUBJECTIVE PARAMETERS

疲劳程度______分　1~10 分，1 分代表根本不疲劳，10 分代表筋疲力尽。

根本不疲劳　2　3　4　有点累但能接受　7　8　9　筋疲力尽

精神状态	[ ] 好	[ ] 一般	[ ] 不好
训练前一晚睡眠	[ ] 好	[ ] 一般	[ ] 不好
训练后食欲	[ ] 好	[ ] 一般	[ ] 不好
训练时排汗量	[ ] 少	[ ] 一般	[ ] 多

你的感受______________________

每日一问

只靠运动和控制饮食就可以减肥了吗？

控制饮食和运动是减肥的关键所在，但也不要忽视了其他方面，比如充足的睡眠、学会减压等。它们会让减肥效率更高。

星 期 二

9 月 15 日
庚子年七月廿八

训练日记

TRAINING DIARY

跑步训练 [ ]　　跑步时长______时______分　距离______公里

其他运动 [ ]　　______________________

训练主观参数

SUBJECTIVE PARAMETERS

疲劳程度______分　1~10 分，1 分代表根本不疲劳，10 分代表筋疲力尽。

根本不疲劳　2　3　4　有点累但能接受　7　8　9　筋疲力尽

精神状态　[ ] 好　[ ] 一般　[ ] 不好

训练前一晚睡眠　[ ] 好　[ ] 一般　[ ] 不好

训练后食欲　[ ] 好　[ ] 一般　[ ] 不好

训练时排汗量　[ ] 少　[ ] 一般　[ ] 多

你的感受______________________

每日一问

女性在生理期间可以跑步吗？

对于有运动习惯的女性来说，生理期间可以跑步。跑步不仅对身体没有影响，同时还具有一定改善经期不适症状的作用。但建议适当降低运动量。若在生理期发生痛经等不适症状，建议休息。

星 期 三

9 月 16 日
庚子年七月廿九

训练日记

TRAINING DIARY

跑步训练 [ ]　　跑步时长______时______分　距离______公里

其他运动 [ ]　　____________________

训练主观参数

SUBJECTIVE PARAMETERS

疲劳程度______分　1~10 分，1 分代表根本不疲劳，10 分代表筋疲力尽。

根本不疲劳　2　3　4　有点累但能接受　7　8　9　筋疲力尽

精神状态　[ ] 好　[ ] 一般　[ ] 不好

训练前一晚睡眠　[ ] 好　[ ] 一般　[ ] 不好

训练后食欲　[ ] 好　[ ] 一般　[ ] 不好

训练时排汗量　[ ] 少　[ ] 一般　[ ] 多

你的感受____________________

每日一问

做马拉松赛前体检需要检查哪些项目？

了解自身健康水平是安全参赛的前提。赛前体检建议做安静心电图、血压等基础检查，如果有条件，进行运动平板测试，即运动负荷下的心电负荷试验，可以发现潜在的心脏风险。

星 期 四

17

9 月 17 日
庚子年八月初一

训练日记

TRAINING DIARY

跑步训练 [ ]　　跑步时长______时______分　距离______公里

其他运动 [ ]　　______________________

训练主观参数

SUBJECTIVE PARAMETERS

疲劳程度______分　1~10 分，1 分代表根本不疲劳，10 分代表筋疲力尽。

根本不疲劳　2　3　4　有点累但能接受　7　8　9　筋疲力尽

精神状态　[ ] 好　[ ] 一般　[ ] 不好

训练前一晚睡眠　[ ] 好　[ ] 一般　[ ] 不好

训练后食欲　[ ] 好　[ ] 一般　[ ] 不好

训练时排汗量　[ ] 少　[ ] 一般　[ ] 多

你的感受______________________

每日一问

跑步对于预防和治疗高血压有用吗？

跑步不仅能够预防高血压，对于患有高血压的人群还具有辅助降压的效果。高血压人群不适合跑马拉松，但完全可以进行中低强度的慢跑。

星 期 五

18

9 月 18 日
庚子年八月初二

训练日记

TRAINING DIARY

跑步训练 [ ]　　跑步时长______时______分　距离______公里

其他运动 [ ]　　______________________

训练主观参数

SUBJECTIVE PARAMETERS

疲劳程度______分　1~10 分，1 分代表根本不疲劳，10 分代表筋疲力尽。

根本不疲劳　2　3　4　有点累但能接受　7　8　9　筋疲力尽

精神状态　[ ] 好　[ ] 一般　[ ] 不好

训练前一晚睡眠　[ ] 好　[ ] 一般　[ ] 不好

训练后食欲　[ ] 好　[ ] 一般　[ ] 不好

训练时排汗量　[ ] 少　[ ] 一般　[ ] 多

你的感受______________________

每日一问

马拉松赛后恢复的正确流程是怎样的?

达到终点后不适合立即进行拉伸，首先应当颠儿跑或者来回走动 20 分钟，再进行拉伸、冰水浴足、按摩等。在这个过程中还要注意补水补糖，但要避免暴饮暴食。

星　期　六

9 月 19 日
庚子年八月初三

19

训练日记

TRAINING DIARY

跑步训练 [ ]　　跑步时长______时______分　距离______公里

其他运动 [ ]　　______________________

训练主观参数

SUBJECTIVE PARAMETERS

疲劳程度______分　1~10 分，1 分代表根本不疲劳，10 分代表筋疲力尽。

根本不疲劳　2　3　4　有点累但能接受　7　8　9　筋疲力尽

精神状态　[ ] 好　[ ] 一般　[ ] 不好

训练前一晚睡眠　[ ] 好　[ ] 一般　[ ] 不好

训练后食欲　[ ] 好　[ ] 一般　[ ] 不好

训练时排汗量　[ ] 少　[ ] 一般　[ ] 多

你的感受______________________

每日一问

跑步时怎样才能保持躯干稳定？

挺胸收腹。挺胸可以保持上背部稳定，收腹可以保持下背部稳定。这样一来躯干就自然稳定了。

星 期 日

9 月 20 日

庚子年八月初四

训练日记

TRAINING DIARY

跑步训练 [ ]　　跑步时长______时______分　距离______公里

其他运动 [ ]　　______________________

训练主观参数

SUBJECTIVE PARAMETERS

疲劳程度______分　1~10 分，1 分代表根本不疲劳，10 分代表筋疲力尽。

根本不疲劳　2　3　4　有点累但能接受　7　8　9　筋疲力尽

精神状态　[ ] 好　[ ] 一般　[ ] 不好

训练前一晚睡眠　[ ] 好　[ ] 一般　[ ] 不好

训练后食欲　[ ] 好　[ ] 一般　[ ] 不好

训练时排汗量　[ ] 少　[ ] 一般　[ ] 多

你的感受______________________________

每日一问

跑步对提升大脑认知能力有好处吗?

一次跑步就可以显著提升大脑认知能力，包括记忆能力、思维能力和专注力等。所以，如果你要做一项重大决策，不妨先跑个步。

星 期 一

21

9 月 21 日
庚子年八月初五

训练日记

TRAINING DIARY

跑步训练 [ ]　　跑步时长______时______分　距离______公里

其他运动 [ ]　　____________________

训练主观参数

SUBJECTIVE PARAMETERS

疲劳程度______分　1~10 分，1 分代表根本不疲劳，10 分代表筋疲力尽。

根本不疲劳　2　3　4　有点累但能接受　7　8　9　筋疲力尽

精神状态	[ ] 好	[ ] 一般	[ ] 不好
训练前一晚睡眠	[ ] 好	[ ] 一般	[ ] 不好
训练后食欲	[ ] 好	[ ] 一般	[ ] 不好
训练时排汗量	[ ] 少	[ ] 一般	[ ] 多

你的感受____________________

每日一问

为什么跑多了容易引发膝痛?

因为跑步是一种低强度、高频次的运动类型。每一次落地时人体都会受到地面冲击力，这种负荷不断累积，超过膝盖承受能力后就会引发疼痛。疼痛就是一种信号，提示负荷超过了人体承受能力。

星 期 二

• 秋 分 •

9 月 22 日
庚子年八月初六

22

训练日记

TRAINING DIARY

跑步训练 [ ]　　跑步时长______时______分　距离______公里

其他运动 [ ]　　______________________

训练主观参数

SUBJECTIVE PARAMETERS

疲劳程度______分　1~10 分，1 分代表根本不疲劳，10 分代表筋疲力尽。

根本不疲劳　2　3　4　有点累但能接受　7　8　9　筋疲力尽

精神状态　[ ] 好　[ ] 一般　[ ] 不好

训练前一晚睡眠　[ ] 好　[ ] 一般　[ ] 不好

训练后食欲　[ ] 好　[ ] 一般　[ ] 不好

训练时排汗量　[ ] 少　[ ] 一般　[ ] 多

你的感受______________________

每日一问

为什么不能以 5 公里成绩直接推算马拉松完赛成绩？

在能力不够的情况下，马拉松比赛后半程往往会面临配速下降的情况，这本身也是正常现象。跑者可以以自己 5 公里跑的配速加上 30 ~ 40 秒，来推算自己跑马拉松时的配速。

星 期 三

23

9 月 23 日

庚子年八月初七

训练日记

TRAINING DIARY

跑步训练 [ ]　　跑步时长______时______分　距离______公里

其他运动 [ ]　　______________________

训练主观参数

SUBJECTIVE PARAMETERS

疲劳程度______分　1~10 分，1 分代表根本不疲劳，10 分代表筋疲力尽。

根本不疲劳　2　3　4　有点累但能接受　7　8　9　筋疲力尽

精神状态　[ ] 好　[ ] 一般　[ ] 不好

训练前一晚睡眠　[ ] 好　[ ] 一般　[ ] 不好

训练后食欲　[ ] 好　[ ] 一般　[ ] 不好

训练时排汗量　[ ] 少　[ ] 一般　[ ] 多

你的感受______________________________

每日一问

为什么女性跑步时一定要穿运动内衣？

普通内衣并不能有效包裹、支撑乳房。穿普通内衣会导致在跑步过程中胸部晃动过大，对乳房造成伤害，而穿运动内衣就可以有效避免这个问题，而且运动内衣具有的快干排汗功能也有助于提升运动舒适度。

星 期 四

24

9 月 24 日
庚子年八月初八

训练日记

TRAINING DIARY

跑步训练 [ ]　　跑步时长______时______分　距离______公里

其他运动 [ ]　　______________________

训练主观参数

SUBJECTIVE PARAMETERS

疲劳程度______分　1~10 分，1 分代表根本不疲劳，10 分代表筋疲力尽。

根本不疲劳　2　3　4　有点累但能接受　7　8　9　筋疲力尽

精神状态　[ ] 好　[ ] 一般　[ ] 不好

训练前一晚睡眠　[ ] 好　[ ] 一般　[ ] 不好

训练后食欲　[ ] 好　[ ] 一般　[ ] 不好

训练时排汗量　[ ] 少　[ ] 一般　[ ] 多

你的感受______________________________

每日一问

跑后拉伸要持续多长时间才够?

一次完整的跑后拉伸训练应持续 15~20 分钟。

短于这个时间，拉伸是不充分、不到位的。

星 期 五

9 月 25 日
庚子年八月初九

训练日记

TRAINING DIARY

跑步训练 [ ]　　跑步时长______时______分　距离______公里

其他运动 [ ]　　______________________

训练主观参数

SUBJECTIVE PARAMETERS

疲劳程度______分　1~10 分，1 分代表根本不疲劳，10 分代表筋疲力尽。

根本不疲劳　2　3　4　有点累但能接受　7　8　9　筋疲力尽

精神状态	[ ] 好	[ ] 一般	[ ] 不好
训练前一晚睡眠	[ ] 好	[ ] 一般	[ ] 不好
训练后食欲	[ ] 好	[ ] 一般	[ ] 不好
训练时排汗量	[ ] 少	[ ] 一般	[ ] 多

你的感受______________________

每日一问

一次跑步跑多久就能够对健康产生促进作用了?

一次跑步跑 20~25 分钟，跑 2.5~3 公里，就足以有益健康。换句话说，这是保持健康的最低跑量。当然，跑得越多，健康收益越大。

星 期 六

9 月 26 日

庚子年八月初十

训练日记

TRAINING DIARY

跑步训练 [ ]　　跑步时长______时______分　距离______公里

其他运动 [ ]　　______________________

训练主观参数

SUBJECTIVE PARAMETERS

疲劳程度______分　1~10 分，1 分代表根本不疲劳，10 分代表筋疲力尽。

根本不疲劳　2　3　4　有点累但能接受　7　8　9　筋疲力尽

精神状态	[ ] 好	[ ] 一般	[ ] 不好
训练前一晚睡眠	[ ] 好	[ ] 一般	[ ] 不好
训练后食欲	[ ] 好	[ ] 一般	[ ] 不好
训练时排汗量	[ ] 少	[ ] 一般	[ ] 多

你的感受______________________

每日一问

在马拉松赛后休息1周，有氧能力会不会下降？

训练有素的运动员在停止跑步 6~7 天后最大摄氧量几乎没有减少（只下降 1%~3%），甚至两周不跑步最大摄氧量也仅仅减少 6%。赛后充分恢复可以帮助身体更好地修复。耐力略微下降带来的是焕然一新的身体，要不了多久，你的最大摄氧量又会回到正常水平。

星 期 日

27

9 月 27 日
庚子年八月十一

训练日记

TRAINING DIARY

跑步训练 [ ]　　跑步时长______时______分　距离______公里

其他运动 [ ]　　______________________

训练主观参数

SUBJECTIVE PARAMETERS

疲劳程度______分　1~10 分，1 分代表根本不疲劳，10 分代表筋疲力尽。

根本不疲劳　2　3　4　有点累但能接受　7　8　9　筋疲力尽

精神状态　[ ] 好　[ ] 一般　[ ] 不好

训练前一晚睡眠　[ ] 好　[ ] 一般　[ ] 不好

训练后食欲　[ ] 好　[ ] 一般　[ ] 不好

训练时排汗量　[ ] 少　[ ] 一般　[ ] 多

你的感受______________________

每日一问

为什么下坡跑被称为“绞肉机”？

下坡跑时需要对抗下坡运动所带来的身体惯性，以防身体像脱缰的野马那样失控，因此下坡跑时心肺负担小了，但对于肌肉力量的要求反而更高了，如果肌肉能力不够，容易发生损伤。所以下坡跑其实并不很轻松，被称为“绞肉机”。

星 期 一

28

9 月 28 日
庚子年八月十二

训练日记

TRAINING DIARY

跑步训练 [ ]　　跑步时长______时______分　距离______公里

其他运动 [ ]　　______________________

训练主观参数

SUBJECTIVE PARAMETERS

疲劳程度______分　1~10 分，1 分代表根本不疲劳，10 分代表筋疲力尽。

根本不疲劳　2　3　4　有点累但能接受　7　8　9　筋疲力尽

精神状态　[ ] 好　[ ] 一般　[ ] 不好

训练前一晚睡眠　[ ] 好　[ ] 一般　[ ] 不好

训练后食欲　[ ] 好　[ ] 一般　[ ] 不好

训练时排汗量　[ ] 少　[ ] 一般　[ ] 多

你的感受______________________

每日一问

高强度间歇运动比传统运动更好吗？

高强度间歇训练也是一种有效的减肥运动，特别是节省时间，但事实上没有足够证据表明它比传统运动减肥效果更好。

星　期　二

9 月 29 日
庚子年八月十三

29

训练日记

TRAINING DIARY

跑步训练 [ ]　　跑步时长______时______分　距离______公里

其他运动 [ ]　　____________________

训练主观参数

SUBJECTIVE PARAMETERS

疲劳程度______分　1~10 分，1 分代表根本不疲劳，10 分代表筋疲力尽。

根本不疲劳　2　3　4　有点累但能接受　7　8　9　筋疲力尽

精神状态　[ ] 好　[ ] 一般　[ ] 不好

训练前一晚睡眠　[ ] 好　[ ] 一般　[ ] 不好

训练后食欲　[ ] 好　[ ] 一般　[ ] 不好

训练时排汗量　[ ] 少　[ ] 一般　[ ] 多

你的感受____________________

每日一问

为什么预防跑步伤痛的关键是学会正确着地?

在腾空落地时人体会受到较大冲击力，大约是体重的 2 倍。学会正确着地对于预防伤痛至关重要。着地时保持膝关节弯曲，着地点靠近重心，学会轻盈落地是最重要的着地技术。

星 期 三

30

9 月 30 日
庚子年八月十四

训练日记

TRAINING DIARY

跑步训练 [ ]　　跑步时长______时______分　距离______公里

其他运动 [ ]　　______________________

训练主观参数

SUBJECTIVE PARAMETERS

疲劳程度______分　1~10 分，1 分代表根本不疲劳，10 分代表筋疲力尽。

根本不疲劳　2　3　4　有点累但能接受　7　8　9　筋疲力尽

精神状态	[ ] 好	[ ] 一般	[ ] 不好
训练前一晚睡眠	[ ] 好	[ ] 一般	[ ] 不好
训练后食欲	[ ] 好	[ ] 一般	[ ] 不好
训练时排汗量	[ ] 少	[ ] 一般	[ ] 多

你的感受______________________________

10月

OCT

2020

跑者

日记

RUNNER'S

DIARY

每日打卡

天数 / 项目	1	2	3	4	5	6	7	8	9	10	11	12	13	14	15

每月计划

周日 SUN.	周一 MON.	周二 TUE.	周三 WED.

DAILY ATTENDANCE

16	17	18	19	20	21	22	23	24	25	26	27	28	29	30	31

MONTHLY PLAN

周四 THUR.	周五 FRI.	周六 SAT.

10

OCT.

月度总结

MONTHLY SUMMARY

每日一问

马拉松比赛中该如何补水？

提倡逢补给站必进。每次饮水 200~300 毫升，到达第一个 10 公里处可以只喝白水，此后要注意补充运动饮料。可以全喝运动饮料，也可以喝一半运动饮料喝一半白水。

星 期 四

• 国庆节 •
• 中秋节 •

10 月 1 日
庚子年八月十五

1

训练日记

TRAINING DIARY

跑步训练 [ ]　　跑步时长______时______分　距离______公里

其他运动 [ ]　　______________________

训练主观参数

SUBJECTIVE PARAMETERS

疲劳程度______分　1~10 分，1 分代表根本不疲劳，10 分代表筋疲力尽。

根本不疲劳　2　3　4　有点累但能接受　7　8　9　筋疲力尽

精神状态　[ ] 好　[ ] 一般　[ ] 不好

训练前一晚睡眠　[ ] 好　[ ] 一般　[ ] 不好

训练后食欲　[ ] 好　[ ] 一般　[ ] 不好

训练时排汗量　[ ] 少　[ ] 一般　[ ] 多

你的感受______________________

每日一问

跑步可以提升睡眠质量吗?

大量研究证实，跑步可以缩短入睡所需时间，减少从入睡到早晨起来这个期间醒来的次数和时间，增加深度睡眠的时长，减少白天昏昏欲睡的情况。

星　期　五

10 月 2 日
庚子年八月十六

训练日记

TRAINING DIARY

跑步训练 [ ]　　跑步时长______时______分　距离______公里

其他运动 [ ]　　________________________

训练主观参数

SUBJECTIVE PARAMETERS

疲劳程度______分　1~10 分，1 分代表根本不疲劳，10 分代表筋疲力尽。

根本不疲劳　2　3　4　有点累但能接受　7　8　9　筋疲力尽

精神状态	[ ] 好	[ ] 一般	[ ] 不好
训练前一晚睡眠	[ ] 好	[ ] 一般	[ ] 不好
训练后食欲	[ ] 好	[ ] 一般	[ ] 不好
训练时排汗量	[ ] 少	[ ] 一般	[ ] 多

你的感受________________________________

每日一问

用光电心率手表测量心率准吗？

光电式心率手表不需要使用心率带，避免了心率带所带来的束缚感。在心率不高时，它的测量一般是准确的，但当心率较高时（如超过180次/分），由于技术和算法问题，有些手表可能存在测量不准的情况。

星 期 六

3

10 月 3 日
庚子年八月十七

训练日记

TRAINING DIARY

跑步训练 [ ]　　跑步时长______时______分　距离______公里

其他运动 [ ]　　______________________

训练主观参数

SUBJECTIVE PARAMETERS

疲劳程度______分　1~10 分，1 分代表根本不疲劳，10 分代表筋疲力尽。

根本不疲劳　2　3　4　有点累但能接受　7　8　9　筋疲力尽

精神状态	[ ] 好	[ ] 一般	[ ] 不好
训练前一晚睡眠	[ ] 好	[ ] 一般	[ ] 不好
训练后食欲	[ ] 好	[ ] 一般	[ ] 不好
训练时排汗量	[ ] 少	[ ] 一般	[ ] 多

你的感受______________________

每日一问

在马拉松比赛中盐丸该如何吃？

可以每10公里吃一粒盐丸，以达到补充电解质、预防电解质紊乱的作用。但事实上，盐丸的实际作用很有限，心理作用更大一些。

星　期　日

10 月 4 日
庚子年八月十八

4

训练日记

TRAINING DIARY

跑步训练 [ ]　　跑步时长______时______分　距离______公里

其他运动 [ ]　　______________________

训练主观参数

SUBJECTIVE PARAMETERS

疲劳程度______分　1~10 分，1 分代表根本不疲劳，10 分代表筋疲力尽。

根本不疲劳　2　3　4　有点累但能接受　7　8　9　筋疲力尽

精神状态　[ ] 好　[ ] 一般　[ ] 不好

训练前一晚睡眠　[ ] 好　[ ] 一般　[ ] 不好

训练后食欲　[ ] 好　[ ] 一般　[ ] 不好

训练时排汗量　[ ] 少　[ ] 一般　[ ] 多

你的感受______________________________

每日一问

在马拉松比赛中发生抽筋该怎么办?

在马拉松比赛后半程发生抽筋是常见情况，主要的应对方法是对肌肉进行拉伸，直至缓解。但有可能跑不远又会反复抽筋。加强训练才是应对抽筋的根本。

星 期 一

10 月 5 日
庚子年八月十九

训练日记

TRAINING DIARY

跑步训练 [ ]　　跑步时长______时______分　距离______公里

其他运动 [ ]　　______________________

训练主观参数

SUBJECTIVE PARAMETERS

疲劳程度______分　1~10 分，1 分代表根本不疲劳，10 分代表筋疲力尽。

根本不疲劳　2　3　4　有点累但能接受　7　8　9　筋疲力尽

精神状态　[ ] 好　[ ] 一般　[ ] 不好

训练前一晚睡眠　[ ] 好　[ ] 一般　[ ] 不好

训练后食欲　[ ] 好　[ ] 一般　[ ] 不好

训练时排汗量　[ ] 少　[ ] 一般　[ ] 多

你的感受______________________

每日一问

在马拉松赛后要进行排酸跑吗？

在马拉松赛后出现肌肉酸痛是肌肉不适应运动负荷的表现，这被称为“延迟性肌肉酸痛”，并不是因为乳酸堆积引起的。酸痛一般会在赛后 3~5 天自然消失，并不需要进行所谓的“排酸跑”。

星 期 二

10 月 6 日
庚子年八月二十

训练日记

TRAINING DIARY

跑步训练 [ ]　　跑步时长______时______分　距离______公里

其他运动 [ ]　　______________________

训练主观参数

SUBJECTIVE PARAMETERS

疲劳程度______分　1~10 分，1 分代表根本不疲劳，10 分代表筋疲力尽。

根本不疲劳　2　3　4　有点累但能接受　7　8　9　筋疲力尽

精神状态　[ ] 好　[ ] 一般　[ ] 不好

训练前一晚睡眠　[ ] 好　[ ] 一般　[ ] 不好

训练后食欲　[ ] 好　[ ] 一般　[ ] 不好

训练时排汗量　[ ] 少　[ ] 一般　[ ] 多

你的感受____

每日一问

精制主食为什么越来越不受待见?

精制主食虽然是优质碳水化合物来源，但容易导致血糖水平大幅波动。精制主食常常与体内代谢异常有关。同时，精制主食营养成分较为单一，维生素和矿物质含量并不丰富。

星 期 三

7

10 月 7 日
庚子年八月廿一

训练日记

TRAINING DIARY

跑步训练 [ ]　　跑步时长______时______分　距离______公里

其他运动 [ ]　　______________________

训练主观参数

SUBJECTIVE PARAMETERS

疲劳程度______分　1~10 分，1 分代表根本不疲劳，10 分代表筋疲力尽。

根本不疲劳　2　3　4　有点累但能接受　7　8　9　筋疲力尽

精神状态　[ ] 好　[ ] 一般　[ ] 不好

训练前一晚睡眠　[ ] 好　[ ] 一般　[ ] 不好

训练后食欲　[ ] 好　[ ] 一般　[ ] 不好

训练时排汗量　[ ] 少　[ ] 一般　[ ] 多

你的感受______________________

每日一问

为什么在秋季跑步会感觉比较舒服？

跑步时的人体状态受很多因素影响，其中气候因素就很重要。在气温介于 15~20 摄氏度，空气湿度较低的秋季跑步可以提高跑步经济性，让你跑得更轻松、更快。

星 期 四

• 寒 露 •

10 月 8 日
庚子年八月廿二

训练日记

TRAINING DIARY

跑步训练 [ ]　　跑步时长______时______分　距离______公里

其他运动 [ ]　　______________________

训练主观参数

SUBJECTIVE PARAMETERS

疲劳程度______分　1~10 分，1 分代表根本不疲劳，10 分代表筋疲力尽。

根本不疲劳　2　3　4　有点累但能接受　7　8　9　筋疲力尽

精神状态	[ ] 好	[ ] 一般	[ ] 不好
训练前一晚睡眠	[ ] 好	[ ] 一般	[ ] 不好
训练后食欲	[ ] 好	[ ] 一般	[ ] 不好
训练时排汗量	[ ] 少	[ ] 一般	[ ] 多

你的感受______________________

每日一问

如何判断跑鞋回弹力的好坏？

握住鞋头，掰一下看其是否能轻松弯折。如果能轻松弯折说明缓震较好；越不易弯折说明其回弹力越差。

星 期 五

9

10 月 9 日
庚子年八月廿三

训练日记

TRAINING DIARY

跑步训练 [ ]　　跑步时长______时______分　距离______公里

其他运动 [ ]　　____________________

训练主观参数

SUBJECTIVE PARAMETERS

疲劳程度______分　1~10 分，1 分代表根本不疲劳，10 分代表筋疲力尽。

根本不疲劳　2　3　4　有点累但能接受　7　8　9　筋疲力尽

精神状态　[ ] 好　[ ] 一般　[ ] 不好

训练前一晚睡眠　[ ] 好　[ ] 一般　[ ] 不好

训练后食欲　[ ] 好　[ ] 一般　[ ] 不好

训练时排汗量　[ ] 少　[ ] 一般　[ ] 多

你的感受____________________

每日一问

压缩腿套能帮助跑者提高跑步成绩吗？

这个问题存在很大争议。目前多数研究认为压缩腿套并不能帮助跑者提高运动能力，也就是说，它无法让你跑得更快。想要提高成绩还是得靠扎实的训练，不要过多寄希望于装备。

星 期 六

10

10 月 10 日
庚子年八月廿四

训练日记

TRAINING DIARY

跑步训练 [ ]　　跑步时长______时______分　距离______公里

其他运动 [ ]　　________________________

训练主观参数

SUBJECTIVE PARAMETERS

疲劳程度______分　1~10 分，1 分代表根本不疲劳，10 分代表筋疲力尽。

根本不疲劳　2　3　4　有点累但能接受　7　8　9　筋疲力尽

精神状态	[ ] 好	[ ] 一般	[ ] 不好
训练前一晚睡眠	[ ] 好	[ ] 一般	[ ] 不好
训练后食欲	[ ] 好	[ ] 一般	[ ] 不好
训练时排汗量	[ ] 少	[ ] 一般	[ ] 多

你的感受________________________

每日一问

崴脚后只靠休息可以养好脚踝吗？

通常是不行的。崴脚后需要进行积极的康复训练，逐步恢复关节活动度、力量、本体感觉和爆发力，这样才能避免长期慢性疼痛肿胀和反复崴脚等后遗症。

星 期 日

11

10 月 11 日
庚子年八月廿五

训练日记

TRAINING DIARY

跑步训练 [ ]　　跑步时长______时______分　距离______公里

其他运动 [ ]　　________________________

训练主观参数

SUBJECTIVE PARAMETERS

疲劳程度______分　1~10 分，1 分代表根本不疲劳，10 分代表筋疲力尽。

根本不疲劳　2　3　4　有点累但能接受　7　8　9　筋疲力尽

精神状态　[ ] 好　[ ] 一般　[ ] 不好

训练前一晚睡眠　[ ] 好　[ ] 一般　[ ] 不好

训练后食欲　[ ] 好　[ ] 一般　[ ] 不好

训练时排汗量　[ ] 少　[ ] 一般　[ ] 多

你的感受________________________

每日一问

跑全程马拉松需要准备多长时间？

对于初次跑马拉松的跑者而言，参加全程马拉松比赛前需要具备 8 ~ 12 个月的持续性系统训练，对于已经参加过马拉松且长期坚持跑步的资深跑友，至少也需要 6 个月的系统训练，最短备赛时间不得少于 4 个月。

星 期 一

12

10 月 12 日
庚子年八月廿六

训练日记

TRAINING DIARY

跑步训练 [ ]　　跑步时长______时______分　距离______公里

其他运动 [ ]　　____________________

训练主观参数

SUBJECTIVE PARAMETERS

疲劳程度______分　1~10 分，1 分代表根本不疲劳，10 分代表筋疲力尽。

根本不疲劳　2　3　4　有点累但能接受　7　8　9　筋疲力尽

精神状态	[ ] 好	[ ] 一般	[ ] 不好
训练前一晚睡眠	[ ] 好	[ ] 一般	[ ] 不好
训练后食欲	[ ] 好	[ ] 一般	[ ] 不好
训练时排汗量	[ ] 少	[ ] 一般	[ ] 多

你的感受____________________

每日一问

什么是缓震型跑鞋？

事实上所有跑鞋都可以称为缓震型跑鞋。缓震是跑鞋最重要的功能，跑鞋的中底弹性材料构成了缓震的主要部分，只不过缓震材料应用多少及科技含量决定了其缓震效果。

星 期 二

13

10 月 13 日
庚子年八月廿七

训练日记

TRAINING DIARY

跑步训练 [ ]　　跑步时长______时______分　距离______公里

其他运动 [ ]　　____________________

训练主观参数

SUBJECTIVE PARAMETERS

疲劳程度______分　1~10 分，1 分代表根本不疲劳，10 分代表筋疲力尽。

根本不疲劳　2　3　4　有点累但能接受　7　8　9　筋疲力尽

精神状态　[ ] 好　[ ] 一般　[ ] 不好

训练前一晚睡眠　[ ] 好　[ ] 一般　[ ] 不好

训练后食欲　[ ] 好　[ ] 一般　[ ] 不好

训练时排汗量　[ ] 少　[ ] 一般　[ ] 多

你的感受____________________________________

每日一问

想通过跑步减肥，每次应持续多长时间？

建议跑 30~40 分钟，甚至更长。这样做的目的是为了产生足够的能量消耗。

星 期 三

14

10 月 14 日
庚子年八月廿八

训练日记

TRAINING DIARY

跑步训练 [ ]　　跑步时长______时______分　距离______公里

其他运动 [ ]　　______________________

训练主观参数

SUBJECTIVE PARAMETERS

疲劳程度______分　1~10 分，1 分代表根本不疲劳，10 分代表筋疲力尽。

根本不疲劳　2　3　4　有点累但能接受　7　8　9　筋疲力尽

精神状态　[ ] 好　[ ] 一般　[ ] 不好

训练前一晚睡眠　[ ] 好　[ ] 一般　[ ] 不好

训练后食欲　[ ] 好　[ ] 一般　[ ] 不好

训练时排汗量　[ ] 少　[ ] 一般　[ ] 多

你的感受______________________

每日一问

练习上坡跑有哪些作用？

上坡跑时跑姿与平地跑有所不同。上坡跑对于心肺功能、全身力量都提出了更高要求，是一种很好的跑步专项力量训练，也是一种强度较高的抗乳酸训练，可以有效提升跑者专项能力。建议跑者可以多跑跑山。

星 期 四

10 月 15 日
庚子年八月廿九

训练日记

TRAINING DIARY

跑步训练 [ ]　　跑步时长______时______分　距离______公里

其他运动 [ ]　　______________________

训练主观参数

SUBJECTIVE PARAMETERS

疲劳程度______分　1~10 分，1 分代表根本不疲劳，10 分代表筋疲力尽。

根本不疲劳　2　3　4　有点累但能接受　7　8　9　筋疲力尽

精神状态　[ ] 好　[ ] 一般　[ ] 不好

训练前一晚睡眠　[ ] 好　[ ] 一般　[ ] 不好

训练后食欲　[ ] 好　[ ] 一般　[ ] 不好

训练时排汗量　[ ] 少　[ ] 一般　[ ] 多

你的感受______________________

每日一问

应该追求突破极限吗？

将“突破极限”作为跑步励志语是可以的，但真要这么做却是盲目和错误的。在跑步训练中，我们可以追求更好的运动表现，发挥自己的最大潜能，但千万不要突破极限。这往往意味着极大的受伤风险，也极易引起意外。

星 期 五

16

10 月 16 日
庚子年八月三十

训练日记

TRAINING DIARY

跑步训练 [ ]　　跑步时长______时______分　距离______公里

其他运动 [ ]　　______________________

训练主观参数

SUBJECTIVE PARAMETERS

疲劳程度______分　1~10 分，1 分代表根本不疲劳，10 分代表筋疲力尽。

根本不疲劳　2　3　4　有点累但能接受　7　8　9　筋疲力尽

精神状态　[ ] 好　[ ] 一般　[ ] 不好

训练前一晚睡眠　[ ] 好　[ ] 一般　[ ] 不好

训练后食欲　[ ] 好　[ ] 一般　[ ] 不好

训练时排汗量　[ ] 少　[ ] 一般　[ ] 多

你的感受______________________

每日一问

为什么强化肌肉力量对于预防和缓解膝痛很有帮助？

肌肉力量训练可以提高关节承受负荷的能力，依靠肌肉吸收冲击力，从而减轻关节负荷，降低膝痛的发生概率，缓解膝痛。

星 期 六

17

10 月 17 日
庚子年九月初一

训练日记

TRAINING DIARY

跑步训练 [ ]　　跑步时长______时______分　距离______公里

其他运动 [ ]　　______________________

训练主观参数

SUBJECTIVE PARAMETERS

疲劳程度______分　1~10 分，1 分代表根本不疲劳，10 分代表筋疲力尽。

根本不疲劳　2　3　4　有点累但能接受　7　8　9　筋疲力尽

精神状态　[ ] 好　[ ] 一般　[ ] 不好

训练前一晚睡眠　[ ] 好　[ ] 一般　[ ] 不好

训练后食欲　[ ] 好　[ ] 一般　[ ] 不好

训练时排汗量　[ ] 少　[ ] 一般　[ ] 多

你的感受______________________

每日一问

跑姿是一成不变的吗?

跑姿应随着速度变化而变化，慢速跑步和快速奔跑时的跑姿是不相同的。不要“一刀切”地理解跑姿。并不存在适合所有情况的“标准”跑姿。

星 期 日

18

10 月 18 日
庚子年九月初二

训练日记

TRAINING DIARY

跑步训练 [ ]　　跑步时长______时______分　距离______公里

其他运动 [ ]　　____________________

训练主观参数

SUBJECTIVE PARAMETERS

疲劳程度______分　1~10 分，1 分代表根本不疲劳，10 分代表筋疲力尽。

根本不疲劳　2　3　4　有点累但能接受　7　8　9　筋疲力尽

精神状态　[ ] 好　[ ] 一般　[ ] 不好

训练前一晚睡眠　[ ] 好　[ ] 一般　[ ] 不好

训练后食欲　[ ] 好　[ ] 一般　[ ] 不好

训练时排汗量　[ ] 少　[ ] 一般　[ ] 多

你的感受____________________

每日一问

有跟腱病应如何进行康复?

跟腱病是一种跟腱结构的退行性改变。治疗跟腱病很棘手。离心训练被认为是一种比较有效的康复方式，多做快起慢落的单腿提踵练习有助于提升跟腱强度。

星 期 一

19

10 月 19 日
庚子年九月初三

训练日记

TRAINING DIARY

跑步训练 [ ]　　跑步时长______时______分　距离______公里

其他运动 [ ]　　______________________

训练主观参数

SUBJECTIVE PARAMETERS

疲劳程度______分　1~10 分，1 分代表根本不疲劳，10 分代表筋疲力尽。

根本不疲劳　2　3　4　有点累但能接受　7　8　9　筋疲力尽

精神状态	[ ] 好	[ ] 一般	[ ] 不好
训练前一晚睡眠	[ ] 好	[ ] 一般	[ ] 不好
训练后食欲	[ ] 好	[ ] 一般	[ ] 不好
训练时排汗量	[ ] 少	[ ] 一般	[ ] 多

你的感受______________________

每日一问

如何改善跑步时驼背的现象？

由于现代人经常长时间处于伏案工作状态，所以驼背很常见。这也会间接导致跑步时的驼背现象。建议加强上背部肌肉训练，比如多进行肩胛骨后缩练习。

星 期 二

10 月 20 日
庚子年九月初四

训练日记

TRAINING DIARY

跑步训练 [ ]　　跑步时长______时______分　距离______公里

其他运动 [ ]　　______________________

训练主观参数

SUBJECTIVE PARAMETERS

疲劳程度______分　1~10 分，1 分代表根本不疲劳，10 分代表筋疲力尽。

根本不疲劳　2　3　4　有点累但能接受　7　8　9　筋疲力尽

精神状态　[ ] 好　[ ] 一般　[ ] 不好

训练前一晚睡眠　[ ] 好　[ ] 一般　[ ] 不好

训练后食欲　[ ] 好　[ ] 一般　[ ] 不好

训练时排汗量　[ ] 少　[ ] 一般　[ ] 多

你的感受______________________

每日一问

如何用主观感觉评价跑步强度？

使用主观疲劳指数是一种评价跑步强度的重要方法。它用从 6 到 20 的连续数字代表疲劳程度，数字越大，疲劳越明显。6 代表完全不累，20 代表筋疲力尽。一般来说，7 ~ 10 代表处于安静状态，11 ~ 14 代表轻松跑的强度，15 ~ 17 代表马拉松配速跑或乳酸阈跑的强度，18 ~ 20 代表间歇跑的强度。

星 期 三

21

10 月 21 日
庚子年九月初五

训练日记

TRAINING DIARY

跑步训练 [ ]　　跑步时长______时______分　距离______公里

其他运动 [ ]　　______________________

训练主观参数

SUBJECTIVE PARAMETERS

疲劳程度______分　1~10 分，1 分代表根本不疲劳，10 分代表筋疲力尽。

根本不疲劳　2　3　4　有点累但能接受　7　8　9　筋疲力尽

精神状态　[ ] 好　[ ] 一般　[ ] 不好

训练前一晚睡眠　[ ] 好　[ ] 一般　[ ] 不好

训练后食欲　[ ] 好　[ ] 一般　[ ] 不好

训练时排汗量　[ ] 少　[ ] 一般　[ ] 多

你的感受______________________

每日一问

跑步会引发哪类伤痛?

跑步引发的急性伤痛很少,但跑步是一项长时间运动,每次着地时所受到的冲击力不断积累,就会由量变引发质变。所以,大部分跑步伤痛都是劳损性伤痛,导致关节结构退化。

星 期 四

22

10 月 22 日
庚子年九月初六

训练日记

TRAINING DIARY

跑步训练 [ ]　　跑步时长______时______分　距离______公里

其他运动 [ ]　　________________________

训练主观参数

SUBJECTIVE PARAMETERS

疲劳程度______分　1~10 分，1 分代表根本不疲劳，10 分代表筋疲力尽。

根本不疲劳　2　3　4　有点累但能接受　7　8　9　筋疲力尽

精神状态　[ ] 好　[ ] 一般　[ ] 不好

训练前一晚睡眠　[ ] 好　[ ] 一般　[ ] 不好

训练后食欲　[ ] 好　[ ] 一般　[ ] 不好

训练时排汗量　[ ] 少　[ ] 一般　[ ] 多

你的感受________________________

每日一问

大众跑者普遍存在的问题是什么？

跑得过快。如果你在跑步时没法自如说话，那么这个时候的配速对你而言，就是比较快的。跑步时不要跟别人比，要跟自己比。

星 期 五

• 霜 降 •

10 月 23 日
庚子年九月初七

23

训练日记

TRAINING DIARY

跑步训练 [ ]　　跑步时长______时______分　距离______公里

其他运动 [ ]　　______________________

训练主观参数

SUBJECTIVE PARAMETERS

疲劳程度______分　1~10 分，1 分代表根本不疲劳，10 分代表筋疲力尽。

根本不疲劳　2　3　4　有点累但能接受　7　8　9　筋疲力尽

精神状态	[ ] 好	[ ] 一般	[ ] 不好
训练前一晚睡眠	[ ] 好	[ ] 一般	[ ] 不好
训练后食欲	[ ] 好	[ ] 一般	[ ] 不好
训练时排汗量	[ ] 少	[ ] 一般	[ ] 多

你的感受______________________

每日一问

没有做好充足准备就参加马拉松比赛，有什么危害？

这样不仅在比赛中发生抽筋、撞墙的概率较高，而且也容易诱发各种各样的伤痛。当运动量太大，超过身体的承受能力，就会引发“信封效应”。

星 期 六

10 月 24 日
庚子年九月初八

训练日记

TRAINING DIARY

跑步训练 [ ]　　跑步时长______时______分　距离______公里

其他运动 [ ]　　______________________

训练主观参数

SUBJECTIVE PARAMETERS

疲劳程度______分　1~10 分，1 分代表根本不疲劳，10 分代表筋疲力尽。

根本不疲劳　2　3　4　有点累但能接受　7　8　9　筋疲力尽

精神状态　[ ] 好　[ ] 一般　[ ] 不好

训练前一晚睡眠　[ ] 好　[ ] 一般　[ ] 不好

训练后食欲　[ ] 好　[ ] 一般　[ ] 不好

训练时排汗量　[ ] 少　[ ] 一般　[ ] 多

你的感受______________________

每日一问

跑步是利用重力的运动还是克服重力的运动?

当然是克服重力的运动。为什么跑步比走路累?因为跑步时身体要克服重力腾空。说“跑步时身体前倾可以利用重力”是违背力学原理的。身体前倾可以减少风阻倒是真的。

星 期 日

• 重阳节 •

10 月 25 日
庚子年九月初九

训练日记

TRAINING DIARY

跑步训练 [ ] 跑步时长______时______分 距离______公里

其他运动 [ ] ____________________

训练主观参数

SUBJECTIVE PARAMETERS

疲劳程度______分 1~10 分，1 分代表根本不疲劳，10 分代表筋疲力尽。

根本不疲劳 2 3 4 有点累但能接受 7 8 9 筋疲力尽

精神状态 [ ] 好 [ ] 一般 [ ] 不好

训练前一晚睡眠 [ ] 好 [ ] 一般 [ ] 不好

训练后食欲 [ ] 好 [ ] 一般 [ ] 不好

训练时排汗量 [ ] 少 [ ] 一般 [ ] 多

你的感受____________________

每日一问

为什么跑步时脱水比脱盐更明显？

汗水是咸的，说明其中含有盐分，但事实上当汗液从汗腺中分泌出来时，大部分盐分被重新吸收回体内，所以跑步时水分丢失比盐分丢失更加明显，这也就意味着补水比补盐更重要。

星 期 一

26

10 月 26 日
庚子年九月初十

训练日记

TRAINING DIARY

跑步训练 [ ]　　跑步时长______时______分　距离______公里

其他运动 [ ]　　________________________

训练主观参数

SUBJECTIVE PARAMETERS

疲劳程度______分　1~10 分，1 分代表根本不疲劳，10 分代表筋疲力尽。

根本不疲劳　2　3　4　有点累但能接受　7　8　9　筋疲力尽

精神状态	[ ] 好	[ ] 一般	[ ] 不好
训练前一晚睡眠	[ ] 好	[ ] 一般	[ ] 不好
训练后食欲	[ ] 好	[ ] 一般	[ ] 不好
训练时排汗量	[ ] 少	[ ] 一般	[ ] 多

你的感受________________________________

每日一问

慢跑半小时可以消耗多少脂肪？

一个体重 70 千克的人，慢跑半小时大约可以消耗 350 ~ 400 大卡热量。1 克脂肪在人体的燃烧大约可以提供 7.7 大卡热量。由此得出，体重 70 千克的人慢跑半小时大约消耗 50 克左右脂肪。

星 期 二

27

10 月 27 日
庚子年九月十一

训练日记

TRAINING DIARY

跑步训练 [ ]　　跑步时长______时______分　距离______公里

其他运动 [ ]　　____________________

训练主观参数

SUBJECTIVE PARAMETERS

疲劳程度______分　1~10 分，1 分代表根本不疲劳，10 分代表筋疲力尽。

根本不疲劳　2　3　4　有点累但能接受　7　8　9　筋疲力尽

精神状态　[ ] 好　[ ] 一般　[ ] 不好

训练前一晚睡眠　[ ] 好　[ ] 一般　[ ] 不好

训练后食欲　[ ] 好　[ ] 一般　[ ] 不好

训练时排汗量　[ ] 少　[ ] 一般　[ ] 多

你的感受____________________

每日一问

红肉不能多吃吗？

红肉中脂肪含量较高是红肉被“妖魔化”的主要原因。《中国居民膳食指南（2016）》也从来没说过少吃红肉或者不吃红肉，而是强调鱼、禽、蛋和瘦肉摄入要适量，少吃肥肉、烟熏和腌制肉制品。

星 期 三

28

10 月 28 日
庚子年九月十二

训练日记

TRAINING DIARY

跑步训练 [ ]   跑步时长______时______分 距离______公里

其他运动 [ ]   ______________________

训练主观参数

SUBJECTIVE PARAMETERS

疲劳程度______分 1~10 分，1 分代表根本不疲劳，10 分代表筋疲力尽。

根本不疲劳 2 3 4 有点累但能接受 7 8 9 筋疲力尽

精神状态 [ ] 好 [ ] 一般 [ ] 不好

训练前一晚睡眠 [ ] 好 [ ] 一般 [ ] 不好

训练后食欲 [ ] 好 [ ] 一般 [ ] 不好

训练时排汗量 [ ] 少 [ ] 一般 [ ] 多

你的感受______________________

每日一问

力量训练和有氧运动哪个减肥效果更好？

结合更好！力量训练与有氧运动减肥机制不同，结合进行，可以发挥不同类型运动各自的减肥机制，所以减肥效果往往优于只参加单一类型的运动。

星 期 四

29

10 月 29 日
庚子年九月十三

训练日记

TRAINING DIARY

跑步训练 [ ]　　跑步时长______时______分　距离______公里

其他运动 [ ]　　______________________

训练主观参数

SUBJECTIVE PARAMETERS

疲劳程度______分　1~10 分，1 分代表根本不疲劳，10 分代表筋疲力尽。

根本不疲劳　2　3　4　有点累但能接受　7　8　9　筋疲力尽

精神状态　[ ] 好　[ ] 一般　[ ] 不好

训练前一晚睡眠　[ ] 好　[ ] 一般　[ ] 不好

训练后食欲　[ ] 好　[ ] 一般　[ ] 不好

训练时排汗量　[ ] 少　[ ] 一般　[ ] 多

你的感受______________________

每日一问

跑步可以消除脂肪肝吗？

脂肪肝是脂代谢异常的表现。对于轻度和中度脂肪肝，跑步有一定的改善作用，但对于重度脂肪肝来说，跑步能够发挥的作用有限，但跑步可以帮助调节脂代谢。

星 期 五

30

10 月 30 日
庚子年九月十四

训练日记

TRAINING DIARY

跑步训练 [ ]　　跑步时长______时______分　距离______公里

其他运动 [ ]　　______________________

训练主观参数

SUBJECTIVE PARAMETERS

疲劳程度______分　1~10 分，1 分代表根本不疲劳，10 分代表筋疲力尽。

根本不疲劳　2　3　4　有点累但能接受　7　8　9　筋疲力尽

精神状态	[ ] 好	[ ] 一般	[ ] 不好
训练前一晚睡眠	[ ] 好	[ ] 一般	[ ] 不好
训练后食欲	[ ] 好	[ ] 一般	[ ] 不好
训练时排汗量	[ ] 少	[ ] 一般	[ ] 多

你的感受______________________________

每日一问

不同配速的跑者应穿着什么类型的跑鞋？

跑鞋可以分为慢跑鞋、训练鞋和竞速鞋，分别适合慢速跑者、中速跑者和高水平跑者，但慢跑鞋和训练鞋的界限并不十分清晰。

星 期 六

31

10 月 31 日
庚子年九月十五

训练日记

TRAINING DIARY

跑步训练 [ ]　　跑步时长______时______分　距离______公里

其他运动 [ ]　　____________________

训练主观参数

SUBJECTIVE PARAMETERS

疲劳程度______分　1~10 分，1 分代表根本不疲劳，10 分代表筋疲力尽。

根本不疲劳　2　3　4　有点累但能接受　7　8　9　筋疲力尽

精神状态	[ ] 好	[ ] 一般	[ ] 不好
训练前一晚睡眠	[ ] 好	[ ] 一般	[ ] 不好
训练后食欲	[ ] 好	[ ] 一般	[ ] 不好
训练时排汗量	[ ] 少	[ ] 一般	[ ] 多

你的感受____________________

11月

2020

跑者

日记

RUNNER'S

DIARY

NOV.

每日打卡

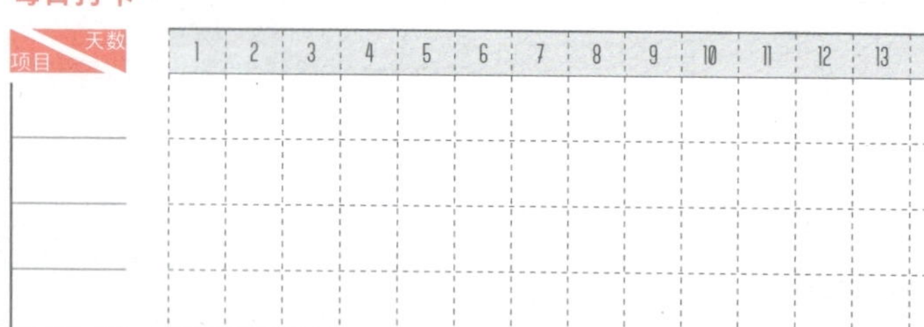

每月计划

周日 SUN.	周一 MON.	周二 TUE.	周三 WED.

DAILY ATTENDANCE

16	17	18	19	20	21	22	23	24	25	26	27	28	29	30	30

MONTHLY PLAN

周四 THUR.	周五 FRI.	周六 SAT.

11

NOV.

月度总结

MONTHLY SUMMARY

每日一问

足底筋膜炎应该如何康复?

如果发生了足底筋膜炎，可以考虑使用矫形鞋垫，同时注意拉伸放松小腿足底肌肉，加强支撑足弓肌肉的训练，同时提高足踝稳定性。

星 期 日

11 月 1 日
庚子年九月十六

训练日记

TRAINING DIARY

跑步训练 [ ]　　跑步时长______时______分　距离______公里

其他运动 [ ]　　______________________

训练主观参数

SUBJECTIVE PARAMETERS

疲劳程度______分　1~10 分，1 分代表根本不疲劳，10 分代表筋疲力尽。

根本不疲劳　2　3　4　有点累但能接受　7　8　9　筋疲力尽

精神状态　[ ] 好　[ ] 一般　[ ] 不好

训练前一晚睡眠　[ ] 好　[ ] 一般　[ ] 不好

训练后食欲　[ ] 好　[ ] 一般　[ ] 不好

训练时排汗量　[ ] 少　[ ] 一般　[ ] 多

你的感受______________________

每日一问

靠墙静蹲适合跑者练习吗？

适合。靠墙静蹲对于跑者而言，是一种简单实用的力量训练方式，对于增强力量和膝痛康复都有一定帮助。完成该动作时注意小腿要与地面垂直，下蹲幅度越大，锻炼效果越好，但要避免产生疼痛。每次可以保持 30~60 秒，做 3~5 组。但要注意，增强腿部力量不能只靠靠墙静蹲这一种锻炼方式。

星 期 一

11 月 2 日
庚子年九月十七

2

训练日记

TRAINING DIARY

跑步训练 [ ]　　跑步时长______时______分　距离______公里

其他运动 [ ]　　____________________

训练主观参数

SUBJECTIVE PARAMETERS

疲劳程度______分　1~10 分，1 分代表根本不疲劳，10 分代表筋疲力尽。

根本不疲劳　2　3　4　有点累但能接受　7　8　9　筋疲力尽

精神状态	[ ] 好	[ ] 一般	[ ] 不好
训练前一晚睡眠	[ ] 好	[ ] 一般	[ ] 不好
训练后食欲	[ ] 好	[ ] 一般	[ ] 不好
训练时排汗量	[ ] 少	[ ] 一般	[ ] 多

你的感受____________________

每日一问

雾霾天适合进行室外跑步吗?

如果空气质量指数显示已达到中度污染或重度污染，就不适合在室外跑步了。跑步时通气量会明显增加，在空气质量不好的时候进行室外跑步会吸入大量有害的物质。你可以转入室内进行运动。

星 期 二

11 月 3 日
庚子年九月十八

3

训练日记

TRAINING DIARY

跑步训练 [ ]　　跑步时长______时______分　距离______公里

其他运动 [ ]　　____________________

训练主观参数

SUBJECTIVE PARAMETERS

疲劳程度______分　1~10 分，1 分代表根本不疲劳，10 分代表筋疲力尽。

根本不疲劳　2　3　4　有点累但能接受　7　8　9　筋疲力尽

精神状态　[ ] 好　[ ] 一般　[ ] 不好

训练前一晚睡眠　[ ] 好　[ ] 一般　[ ] 不好

训练后食欲　[ ] 好　[ ] 一般　[ ] 不好

训练时排汗量　[ ] 少　[ ] 一般　[ ] 多

你的感受____________________

每日一问

受伤后如何使用药物?

如果发生了急性损伤，比如崴脚、肌肉拉伤，在受伤后 48 小时以内不要涂抹活血化瘀的中药（如云南白药和正骨水），而西医的消炎药则可以在受伤后任何时候使用，其作用机制主要是抑制疼痛。

星 期 三

4

11 月 4 日
庚子年九月十九

训练日记

TRAINING DIARY

跑步训练 [ ]　　跑步时长______时______分　距离______公里

其他运动 [ ]　　______________________

训练主观参数

SUBJECTIVE PARAMETERS

疲劳程度______分　1~10 分，1 分代表根本不疲劳，10 分代表筋疲力尽。

根本不疲劳　2　3　4　有点累但能接受　7　8　9　筋疲力尽

精神状态	[ ] 好	[ ] 一般	[ ] 不好
训练前一晚睡眠	[ ] 好	[ ] 一般	[ ] 不好
训练后食欲	[ ] 好	[ ] 一般	[ ] 不好
训练时排汗量	[ ] 少	[ ] 一般	[ ] 多

你的感受______________________

每日一问

参加马拉松比赛前，应该在哪里使用创可贴或者涂抹凡士林？

在马拉松比赛中，乳头、腹股沟、腋下都是容易产生摩擦的部位。建议男性使用创可贴覆盖乳头，女性穿运动内衣，而腹股沟和腋下则应当涂抹上适量的凡士林。

星 期 四

5

11 月 5 日
庚子年九月二十

训练日记

TRAINING DIARY

跑步训练 [ ]　　跑步时长______时______分　距离______公里

其他运动 [ ]　　____________________

训练主观参数

SUBJECTIVE PARAMETERS

疲劳程度______分　1~10 分，1 分代表根本不疲劳，10 分代表筋疲力尽。

根本不疲劳　2　3　4　有点累但能接受　7　8　9　筋疲力尽

精神状态　[ ] 好　[ ] 一般　[ ] 不好

训练前一晚睡眠　[ ] 好　[ ] 一般　[ ] 不好

训练后食欲　[ ] 好　[ ] 一般　[ ] 不好

训练时排汗量　[ ] 少　[ ] 一般　[ ] 多

你的感受____________________________________

每日一问

为什么马拉松比赛当天的这顿早饭建议摄入“无渣主食”？

全谷类食物（比如玉米、燕麦）富含有益健康的纤维素，是优质的主食，但并不适合在马拉松比赛当天早上吃，因为粗粮不易消化且易吸收水分，吃太多会明显增加胃肠负担，不利于比赛。参加马拉松比赛当天的这顿早饭最好吃“无渣主食”，比如面条、馒头、稀饭和吐司面包。

星 期 五

11 月 6 日
庚子年九月廿一

训练日记

TRAINING DIARY

跑步训练 [ ]　　跑步时长______时______分　距离______公里

其他运动 [ ]　　______________________

训练主观参数

SUBJECTIVE PARAMETERS

疲劳程度______分　1~10 分，1 分代表根本不疲劳，10 分代表筋疲力尽。

根本不疲劳　2　3　4　有点累但能接受　7　8　9　筋疲力尽

精神状态	[ ] 好	[ ] 一般	[ ] 不好
训练前一晚睡眠	[ ] 好	[ ] 一般	[ ] 不好
训练后食欲	[ ] 好	[ ] 一般	[ ] 不好
训练时排汗量	[ ] 少	[ ] 一般	[ ] 多

你的感受______________________

每日一问

临近马拉松比赛终点时要不要冲刺?

经过长时间奔跑，心脏已经承受了较大负荷，突然地加速容易使得心脏更加不堪重负，从而导致一些意外发生。所以对于普通跑者来说，平稳通过终点即可，能力较强的资深跑者可以适当提速来通过终点。

星 期 六

•立 冬•

11 月 7 日
庚子年九月廿二

训练日记

TRAINING DIARY

跑步训练 [ ]　　跑步时长______时______分　距离______公里

其他运动 [ ]　　______________________

训练主观参数

SUBJECTIVE PARAMETERS

疲劳程度______分　1~10 分，1 分代表根本不疲劳，10 分代表筋疲力尽。

根本不疲劳　2　3　4　有点累但能接受　7　8　9　筋疲力尽

精神状态	[ ] 好	[ ] 一般	[ ] 不好
训练前一晚睡眠	[ ] 好	[ ] 一般	[ ] 不好
训练后食欲	[ ] 好	[ ] 一般	[ ] 不好
训练时排汗量	[ ] 少	[ ] 一般	[ ] 多

你的感受______________________

每日一问

针对关节软骨的保健品是否有用？

关节软骨基本上不是靠血液供应营养的，所以一般药物或者营养品很难直接起效果。氨基葡萄糖类的软骨保健品可以为其软骨下方基质提供营养，但总体而言其效果存在很大争议。当然，心理作用也是作用。

星 期 日

11 月 8 日
庚子年九月廿三

训练日记

TRAINING DIARY

跑步训练 [ ]　　跑步时长______时______分　距离______公里

其他运动 [ ]　　____________________

训练主观参数

SUBJECTIVE PARAMETERS

疲劳程度______分　1~10 分，1 分代表根本不疲劳，10 分代表筋疲力尽。

根本不疲劳　2　3　4　有点累但能接受　7　8　9　筋疲力尽

精神状态　[ ] 好　[ ] 一般　[ ] 不好

训练前一晚睡眠　[ ] 好　[ ] 一般　[ ] 不好

训练后食欲　[ ] 好　[ ] 一般　[ ] 不好

训练时排汗量　[ ] 少　[ ] 一般　[ ] 多

你的感受____________________

每日一问

为什么不提倡从跑步一开始就喝运动饮料?

一般认为超过 1 小时的运动才需要在 1 小时后开始喝运动饮料，因为出汗时水分丢失比盐分丢失更严重，缺什么补什么。跑步一开始就喝运动饮料是没有必要的，这样反而会加重高渗性脱水。

星期一

11 月 9 日
庚子年九月廿四

训练日记

TRAINING DIARY

跑步训练 [ ]　　跑步时长______时______分　距离______公里

其他运动 [ ]　　______________________

训练主观参数

SUBJECTIVE PARAMETERS

疲劳程度______分　1~10 分，1 分代表根本不疲劳，10 分代表筋疲力尽。

根本不疲劳　2　3　4　有点累但能接受　7　8　9　筋疲力尽

精神状态　[ ] 好　[ ] 一般　[ ] 不好

训练前一晚睡眠　[ ] 好　[ ] 一般　[ ] 不好

训练后食欲　[ ] 好　[ ] 一般　[ ] 不好

训练时排汗量　[ ] 少　[ ] 一般　[ ] 多

你的感受______________________

每日一问

女性跑步会不会导致胸下垂？

当然不会。正确使用运动内衣能起到足够的支撑乳房的作用。胸部较为丰满的女性在跑步时乳房容易出现过度晃动，使得乳房悬韧带受到较大牵扯，所以运动内衣是女性跑步时的必备装备，其重要性等同于跑鞋。

星 期 二

10

11 月 10 日
庚子年九月廿五

训练日记

TRAINING DIARY

跑步训练 [ ]　　跑步时长______时______分　距离______公里

其他运动 [ ]　　______________________

训练主观参数

SUBJECTIVE PARAMETERS

疲劳程度______分　1~10 分，1 分代表根本不疲劳，10 分代表筋疲力尽。

根本不疲劳　2　3　4　有点累但能接受　7　8　9　筋疲力尽

精神状态　[ ] 好　[ ] 一般　[ ] 不好

训练前一晚睡眠　[ ] 好　[ ] 一般　[ ] 不好

训练后食欲　[ ] 好　[ ] 一般　[ ] 不好

训练时排汗量　[ ] 少　[ ] 一般　[ ] 多

你的感受______________________________

每日一问

在马拉松比赛中能量胶该如何吃？

建议每 10 公里吃一根能量胶，这样能够达到补充能量和电解质的目的。但由于能量胶的含糖量高，其高渗特点导致其进入胃部时，并不容易被吸收。因此吃完能量胶要注意喝水。

星 期 三

11 月 11 日
庚子年九月廿六

训练日记

TRAINING DIARY

跑步训练 [ ]　　跑步时长______时______分　距离______公里

其他运动 [ ]　　______________________

训练主观参数

SUBJECTIVE PARAMETERS

疲劳程度______分　1~10 分，1 分代表根本不疲劳，10 分代表筋疲力尽。

根本不疲劳　2　3　4　有点累但能接受　7　8　9　筋疲力尽

精神状态 [ ] 好 [ ] 一般 [ ] 不好

训练前一晚睡眠 [ ] 好 [ ] 一般 [ ] 不好

训练后食欲 [ ] 好 [ ] 一般 [ ] 不好

训练时排汗量 [ ] 少 [ ] 一般 [ ] 多

你的感受______________________

每日一问

肠道菌群与肥胖有什么关系?

近年来肠道菌群与肥胖的关系备受关注。坚持健康饮食，减少高脂高糖食物的摄入，有助于改善肠道菌群构成。简单说就是，“好的”菌群增加，“坏的”菌群减少，可以有效帮助减肥。

星 期 四

12

11 月 12 日
庚子年九月廿七

训练日记

TRAINING DIARY

跑步训练 [ ]　　跑步时长______时______分　距离______公里

其他运动 [ ]　　______________________

训练主观参数

SUBJECTIVE PARAMETERS

疲劳程度______分　1~10 分，1 分代表根本不疲劳，10 分代表筋疲力尽。

根本不疲劳　2　3　4　有点累但能接受　7　8　9　筋疲力尽

精神状态	[ ] 好	[ ] 一般	[ ] 不好
训练前一晚睡眠	[ ] 好	[ ] 一般	[ ] 不好
训练后食欲	[ ] 好	[ ] 一般	[ ] 不好
训练时排汗量	[ ] 少	[ ] 一般	[ ] 多

你的感受____

每日一问

喝果汁健康吗?

鲜榨果汁看似纯天然，但并没有想象中健康：如果让你一次吃完一个苹果和两个橙子，你很可能吃不下，但把它们榨成果汁，你就可以轻轻松松喝完，从而导致热量摄入过多；而且榨汁过程中，维生素、纤维素等营养元素还会流失。而瓶装果汁会加入大量的糖和添加剂，更加不健康。

星 期 五

13

11 月 13 日
庚子年九月廿八

训练日记

TRAINING DIARY

跑步训练 [ ]　　跑步时长______时______分　距离______公里

其他运动 [ ]　　______________________

训练主观参数

SUBJECTIVE PARAMETERS

疲劳程度______分　1~10 分，1 分代表根本不疲劳，10 分代表筋疲力尽。

根本不疲劳　2　3　4　有点累但能接受　7　8　9　筋疲力尽

精神状态　[ ] 好　[ ] 一般　[ ] 不好

训练前一晚睡眠　[ ] 好　[ ] 一般　[ ] 不好

训练后食欲　[ ] 好　[ ] 一般　[ ] 不好

训练时排汗量　[ ] 少　[ ] 一般　[ ] 多

你的感受______________________

每日一问

什么是“糖原填充法”？

这是专业马拉松运动员使用的一种补糖方法。它要求在赛前 1 周保持足够大的运动量，同时减少能量摄入，消耗体内的糖，然后在赛前几天减量训练的同时大量补糖。这种方法并不适合大众跑者。

星 期 六

11 月 14 日
庚子年九月廿九

训练日记

TRAINING DIARY

跑步训练 [ ]　　跑步时长______时______分　距离______公里

其他运动 [ ]　　______________________

训练主观参数

SUBJECTIVE PARAMETERS

疲劳程度______分　1~10 分，1 分代表根本不疲劳，10 分代表筋疲力尽。

根本不疲劳　2　3　4　有点累但能接受　7　8　9　筋疲力尽

精神状态	[ ] 好	[ ] 一般	[ ] 不好
训练前一晚睡眠	[ ] 好	[ ] 一般	[ ] 不好
训练后食欲	[ ] 好	[ ] 一般	[ ] 不好
训练时排汗量	[ ] 少	[ ] 一般	[ ] 多

你的感受____

每日一问

什么是全麦面包？

全麦面包是指用含有小麦外面麸皮和麦胚的全麦面粉制作的面包，由于含有纤维素及多种营养成分，所以更加健康，但其口感明显不如白面包。一些商家为了改善口感，仍然会使用小麦粉来制作所谓的“全麦面包”。

星　期　日

11 月 15 日
庚子年十月初一

训练日记

TRAINING DIARY

跑步训练 [ ]　　跑步时长______时______分　距离______公里

其他运动 [ ]　　______________________

训练主观参数

SUBJECTIVE PARAMETERS

疲劳程度______分　1~10 分，1 分代表根本不疲劳，10 分代表筋疲力尽。

根本不疲劳　2　3　4　有点累但能接受　7　8　9　筋疲力尽

精神状态	[ ] 好	[ ] 一般	[ ] 不好
训练前一晚睡眠	[ ] 好	[ ] 一般	[ ] 不好
训练后食欲	[ ] 好	[ ] 一般	[ ] 不好
训练时排汗量	[ ] 少	[ ] 一般	[ ] 多

你的感受______________________

每日一问

为什么单腿力量训练对于跑者来说很重要？

虽然下蹲、硬拉都是增强腿部力量的有效锻炼方式，但是跑步是双腿交替往前迈出的运动，无论是落地缓冲还是蹬地发力，都是单腿运动，所以单腿力量训练更加针对跑步专项。跑者应多进行单腿硬拉、单腿下蹲等训练，这样可以更加有效地提升跑步专项力量。

星 期 一

11 月 16 日
庚子年十月初二

训练日记

TRAINING DIARY

跑步训练 [ ]　　跑步时长______时______分　距离______公里

其他运动 [ ]　　____________________

训练主观参数

SUBJECTIVE PARAMETERS

疲劳程度______分　1~10 分，1 分代表根本不疲劳，10 分代表筋疲力尽。

根本不疲劳　2　3　4　有点累但能接受　7　8　9　筋疲力尽

精神状态　[ ] 好　[ ] 一般　[ ] 不好

训练前一晚睡眠　[ ] 好　[ ] 一般　[ ] 不好

训练后食欲　[ ] 好　[ ] 一般　[ ] 不好

训练时排汗量　[ ] 少　[ ] 一般　[ ] 多

你的感受____________________________________

每日一问

跑步出汗能排毒吗？

出汗过程中，机体代谢产物，如尿素、乳酸、脂肪酸等随汗液少量排出体外，尿素可以看作是代谢废物，但尿液排出尿素的量远远大于汗液。通过出汗排出体内重金属类物质的效果也微乎其微。跑步出汗排毒，有点夸大其词了。

星 期 二

17

11 月 17 日
庚子年十月初三

训练日记 TRAINING DIARY

跑步训练 [ ]　　跑步时长______时______分　距离______公里

其他运动 [ ]　　______________________

训练主观参数 SUBJECTIVE PARAMETERS

疲劳程度______分　1~10 分，1 分代表根本不疲劳，10 分代表筋疲力尽。

根本不疲劳　2　3　4　有点累但能接受　7　8　9　筋疲力尽

精神状态	[ ] 好	[ ] 一般	[ ] 不好
训练前一晚睡眠	[ ] 好	[ ] 一般	[ ] 不好
训练后食欲	[ ] 好	[ ] 一般	[ ] 不好
训练时排汗量	[ ] 少	[ ] 一般	[ ] 多

你的感受______________________

每日一问

为什么跑步时总感觉很累？

因为你跑得太快了。要想跑得不那么累，很简单，把速度降到足够慢。如果跑慢点也不轻松，你可以从快走开始，等心肺耐力提升后再开始跑。不要着急。

星 期 三

18

11 月 18 日
庚子年十月初四

训练日记

TRAINING DIARY

跑步训练 [ ]　　跑步时长______时______分　距离______公里

其他运动 [ ]　　______________________

训练主观参数

SUBJECTIVE PARAMETERS

疲劳程度______分　1~10 分，1 分代表根本不疲劳，10 分代表筋疲力尽。

根本不疲劳　2　3　4　有点累但能接受　7　8　9　筋疲力尽

精神状态	[ ] 好	[ ] 一般	[ ] 不好
训练前一晚睡眠	[ ] 好	[ ] 一般	[ ] 不好
训练后食欲	[ ] 好	[ ] 一般	[ ] 不好
训练时排汗量	[ ] 少	[ ] 一般	[ ] 多

你的感受______________________

每日一问

晨跑有什么好处?

晨跑的一个重要好处是可以让你充满活力地开启一天的工作和生活，这是一次运动所带来的急性效应的体现。

星 期 四

19

11 月 19 日
庚子年十月初五

训练日记

TRAINING DIARY

跑步训练 [ ]　　跑步时长______时______分　距离______公里

其他运动 [ ]　　______________________

训练主观参数

SUBJECTIVE PARAMETERS

疲劳程度______分　1~10 分，1 分代表根本不疲劳，10 分代表筋疲力尽。

根本不疲劳　2　3　4　有点累但能接受　7　8　9　筋疲力尽

精神状态　[ ] 好　[ ] 一般　[ ] 不好

训练前一晚睡眠　[ ] 好　[ ] 一般　[ ] 不好

训练后食欲　[ ] 好　[ ] 一般　[ ] 不好

训练时排汗量　[ ] 少　[ ] 一般　[ ] 多

你的感受______________________

每日一问

你的无名指比食指长吗?

一项关于 439 名男运动员和 103 名女运动员食指和无名指之间长度差异的研究显示，无名指比食指长的人，能够更快地完成跑步比赛。似乎有理由认为无名指比食指长的人跑步天赋更好。你的无名指比食指长吗？

星 期 五

11 月 20 日

庚子年十月初六

训练日记

TRAINING DIARY

跑步训练 [ ]　　跑步时长______时______分　距离______公里

其他运动 [ ]　　______________________

训练主观参数

SUBJECTIVE PARAMETERS

疲劳程度______分　1~10 分，1 分代表根本不疲劳，10 分代表筋疲力尽。

根本不疲劳　2　3　4　有点累但能接受　7　8　9　筋疲力尽

精神状态　[ ] 好　[ ] 一般　[ ] 不好

训练前一晚睡眠　[ ] 好　[ ] 一般　[ ] 不好

训练后食欲　[ ] 好　[ ] 一般　[ ] 不好

训练时排汗量　[ ] 少　[ ] 一般　[ ] 多

你的感受______________________________

每日一问

赤足跑有什么好处？

赤足跑更加接近人类祖先的跑步方式。赤足跑时人会自然采用前脚掌着地来进行缓冲，所以可以有效锻炼足踝和小腿肌肉。穿五趾跑鞋跑步就是一种赤足跑训练。对于大众跑者而言，可以少量采用赤足跑训练，一次跑 2 ~ 3 公里即可，因为赤足并不适合进行长距离奔跑，容易受伤。

星期六

11 月 21 日
庚子年十月初七

训练日记

TRAINING DIARY

跑步训练 [ ]　　跑步时长______时______分　距离______公里

其他运动 [ ]　　______________________

训练主观参数

SUBJECTIVE PARAMETERS

疲劳程度______分　1~10 分，1 分代表根本不疲劳，10 分代表筋疲力尽。

根本不疲劳　2　3　4　有点累但能接受　7　8　9　筋疲力尽

精神状态　[ ] 好　[ ] 一般　[ ] 不好

训练前一晚睡眠　[ ] 好　[ ] 一般　[ ] 不好

训练后食欲　[ ] 好　[ ] 一般　[ ] 不好

训练时排汗量　[ ] 少　[ ] 一般　[ ] 多

你的感受______________________

每日一问

针对膝前痛的常见治疗方式有哪些？

可以用非甾体类抗炎药，比如扶他林，消炎镇痛；也可以做一些理疗，比如超短波、电疗。当然，康复训练也很重要。

星 期 日

• 小 雪 •

11 月 22 日
庚子年十月初八

22

训练日记

TRAINING DIARY

跑步训练 [ ] 跑步时长______时______分 距离______公里

其他运动 [ ] ______________________

训练主观参数

SUBJECTIVE PARAMETERS

疲劳程度______分 1~10 分，1 分代表根本不疲劳，10 分代表筋疲力尽。

根本不疲劳 2 3 4 有点累但能接受 7 8 9 筋疲力尽

精神状态 [ ] 好 [ ] 一般 [ ] 不好

训练前一晚睡眠 [ ] 好 [ ] 一般 [ ] 不好

训练后食欲 [ ] 好 [ ] 一般 [ ] 不好

训练时排汗量 [ ] 少 [ ] 一般 [ ] 多

你的感受______________________________

每日一问

如果训练不足就参加马拉松，会发生哪些情况？

马拉松比赛是一项长时间大强度的极限运动。如果准备不足盲目参赛，很可能因为体力不支，在后半程发生撞墙、抽筋等情况。而且赛后肌肉延迟性酸痛明显，会大大降低参赛体验。

星 期 一

23

11 月 23 日
庚子年十月初九

训练日记

TRAINING DIARY

跑步训练 [ ]　　跑步时长______时______分　距离______公里

其他运动 [ ]　　________________________

训练主观参数

SUBJECTIVE PARAMETERS

疲劳程度______分　1~10 分，1 分代表根本不疲劳，10 分代表筋疲力尽。

根本不疲劳　2　3　4　有点累但能接受　7　8　9　筋疲力尽

精神状态	[ ] 好	[ ] 一般	[ ] 不好
训练前一晚睡眠	[ ] 好	[ ] 一般	[ ] 不好
训练后食欲	[ ] 好	[ ] 一般	[ ] 不好
训练时排汗量	[ ] 少	[ ] 一般	[ ] 多

你的感受________________________________

每日一问

是不是出汗越多减脂效果越好?

并不是。出汗多只是表明散热不佳，身体只能通过蒸发散热。“汗水是脂肪的眼泪”完全是忽悠人。

星 期 二

24

11 月 24 日
庚子年十月初十

训练日记

TRAINING DIARY

跑步训练 [ ]   跑步时长______时______分 距离______公里

其他运动 [ ]   ____________________

训练主观参数

SUBJECTIVE PARAMETERS

疲劳程度______分 1~10 分，1 分代表根本不疲劳，10 分代表筋疲力尽。

根本不疲劳 2 3 4 有点累但能接受 7 8 9 筋疲力尽

精神状态	[ ] 好	[ ] 一般	[ ] 不好
训练前一晚睡眠	[ ] 好	[ ] 一般	[ ] 不好
训练后食欲	[ ] 好	[ ] 一般	[ ] 不好
训练时排汗量	[ ] 少	[ ] 一般	[ ] 多

你的感受____________________

每日一问

脱水有什么危害?

大量出汗会导致脱水，脱水会使得有效循环的血量下降，影响血液运输效率，并导致心率加快和疲劳发生。当脱水量达到体重的 1%~2% 就有可能引发疲劳，严重脱水甚至会危及生命。

星 期 三

25

11 月 25 日
庚子年十月十一

训练日记

TRAINING DIARY

跑步训练 [ ]   跑步时长______时______分 距离______公里

其他运动 [ ]   ____________________

训练主观参数

SUBJECTIVE PARAMETERS

疲劳程度______分 1~10 分，1 分代表根本不疲劳，10 分代表筋疲力尽。

根本不疲劳　2　3　4　有点累但能接受　7　8　9　筋疲力尽

精神状态 [ ] 好 [ ] 一般 [ ] 不好

训练前一晚睡眠 [ ] 好 [ ] 一般 [ ] 不好

训练后食欲 [ ] 好 [ ] 一般 [ ] 不好

训练时排汗量 [ ] 少 [ ] 一般 [ ] 多

你的感受____________________

每日一问

乳酸阈跑的作用是什么?

乳酸阈跑又称“混氧跑”，进行乳酸阀跑训练时体内乳酸产生和清除速率相等，身体处于从有氧运动过渡到无氧运动的临界状态。乳酸阀训练能够提升身体耐受乳酸和排出乳酸的能力，提升有氧耐力。

星 期 四

11 月 26 日
庚子年十月十二

训练日记

TRAINING DIARY

跑步训练 [ ]　　跑步时长______时______分　距离______公里

其他运动 [ ]　　____________________

训练主观参数

SUBJECTIVE PARAMETERS

疲劳程度______分　1~10 分，1 分代表根本不疲劳，10 分代表筋疲力尽。

根本不疲劳　2　3　4　有点累但能接受　7　8　9　筋疲力尽

精神状态　[ ] 好　[ ] 一般　[ ] 不好

训练前一晚睡眠　[ ] 好　[ ] 一般　[ ] 不好

训练后食欲　[ ] 好　[ ] 一般　[ ] 不好

训练时排汗量　[ ] 少　[ ] 一般　[ ] 多

你的感受____________________

每日一问

大众跑者需要像精英运动员那样前脚掌着地吗?

精英运动员跑步时之所以能够前脚掌着地，一方面是因为他们速度很快，另一方面是因为他们足踝力量强大。如果你本身已经习惯于脚跟着地，其实是不需要模仿精英运动员的。盲目模仿反而容易导致受伤。

星 期 五

11 月 27 日

庚子年十月十三

训练日记

TRAINING DIARY

跑步训练 [ ]　　跑步时长______时______分　距离______公里

其他运动 [ ]　　______________________

训练主观参数

SUBJECTIVE PARAMETERS

疲劳程度______分　1~10 分，1 分代表根本不疲劳，10 分代表筋疲力尽。

根本不疲劳　2　3　4　有点累但能接受　7　8　9　筋疲力尽

精神状态	[ ] 好	[ ] 一般	[ ] 不好
训练前一晚睡眠	[ ] 好	[ ] 一般	[ ] 不好
训练后食欲	[ ] 好	[ ] 一般	[ ] 不好
训练时排汗量	[ ] 少	[ ] 一般	[ ] 多

你的感受______________________

每日一问

跑步可以预防感冒吗？

感冒是由病毒感染引起的，跑步并不能让你隔绝病毒，但经常跑步可以增强体质，让你从感冒中更快恢复，满血复活。

星 期 六

28

11 月 28 日
庚子年十月十四

训练日记

TRAINING DIARY

跑步训练 [ ] 跑步时长______时______分 距离______公里

其他运动 [ ] ______________________

训练主观参数

SUBJECTIVE PARAMETERS

疲劳程度______分 1~10 分，1 分代表根本不疲劳，10 分代表筋疲力尽。

根本不疲劳 2 3 4 有点累但能接受 7 8 9 筋疲力尽

精神状态 [ ] 好 [ ] 一般 [ ] 不好

训练前一晚睡眠 [ ] 好 [ ] 一般 [ ] 不好

训练后食欲 [ ] 好 [ ] 一般 [ ] 不好

训练时排汗量 [ ] 少 [ ] 一般 [ ] 多

你的感受______________________________

每日一问

跑者膝痛跟哪些因素有关？

跑者膝痛与跑姿不正确、身体柔韧性和力量素质较差、下肢力线异常、跑量过大、跑量增长过快、赛前准备不充分等因素有关。

星 期 日

29

11 月 29 日
庚子年十月十五

训练日记

TRAINING DIARY

跑步训练 [ ]　　跑步时长______时______分　距离______公里

其他运动 [ ]　　____________________

训练主观参数

SUBJECTIVE PARAMETERS

疲劳程度______分　1~10 分，1 分代表根本不疲劳，10 分代表筋疲力尽。

根本不疲劳　2　3　4　有点累但能接受　7　8　9　筋疲力尽

精神状态	[ ] 好	[ ] 一般	[ ] 不好
训练前一晚睡眠	[ ] 好	[ ] 一般	[ ] 不好
训练后食欲	[ ] 好	[ ] 一般	[ ] 不好
训练时排汗量	[ ] 少	[ ] 一般	[ ] 多

你的感受____________________

每日一问

提升胸椎灵活性可以改善呼吸吗？

想要改善跑步时的呼吸效率，除了学习正确的呼吸技术之外，加强胸椎灵活性也很有帮助。含胸驼背会影响胸廓运动。通过胸椎灵活性训练，可以改善胸廓运动，从而帮助更好地呼吸。

星 期 一

30

11 月 30 日
庚子年十月十六

训练日记

TRAINING DIARY

跑步训练 [ ]　　跑步时长______时______分　距离______公里

其他运动 [ ]　　______________________

训练主观参数

SUBJECTIVE PARAMETERS

疲劳程度______分　1~10 分，1 分代表根本不疲劳，10 分代表筋疲力尽。

根本不疲劳　2　3　4　有点累但能接受　7　8　9　筋疲力尽

精神状态　[ ] 好　[ ] 一般　[ ] 不好

训练前一晚睡眠　[ ] 好　[ ] 一般　[ ] 不好

训练后食欲　[ ] 好　[ ] 一般　[ ] 不好

训练时排汗量　[ ] 少　[ ] 一般　[ ] 多

你的感受______________________

12月

2020

跑者

日记

RUNNERS

DIARY

DEC.

每日打卡

1	2	3	4	5	6	7	8	9	10	11	12	13	14	15

每月计划

周日 SUN.	周一 MON.	周二 TUE.	周三 WED.

DAILY ATTENDANCE

16	17	18	19	20	21	22	23	24	25	26	27	28	29	30	31

MONTHLY PLAN

周四 THUR.	周五 FRI.	周六 SAT.

12

DEC.

月度总结

MONTHLY SUMMARY

每日一问

冬季比夏季更容易长胖吗？

人体基础代谢基本保持稳定，并不会因为季节改变而发生变化，所以身体脂肪含量增加与季节没有直接关系。冬季容易长胖可能源于冬季人们的活动减少，其实在夏季因为怕热而不活动同样会长胖。

星 期 二

12 月 1 日

庚子年十月十七

1

训练日记

TRAINING DIARY

跑步训练 [ ]　　跑步时长______时______分　距离______公里

其他运动 [ ]　　______________________

训练主观参数

SUBJECTIVE PARAMETERS

疲劳程度______分　1~10 分，1 分代表根本不疲劳，10 分代表筋疲力尽。

根本不疲劳　2　3　4　有点累但能接受　7　8　9　筋疲力尽

精神状态	[ ] 好	[ ] 一般	[ ] 不好
训练前一晚睡眠	[ ] 好	[ ] 一般	[ ] 不好
训练后食欲	[ ] 好	[ ] 一般	[ ] 不好
训练时排汗量	[ ] 少	[ ] 一般	[ ] 多

你的感受______________________

每日一问

马拉松运动对于心脏有何影响?

马拉松比赛后心肌损伤的标志物，如心肌钙蛋白、MB型肌酸激酶、B型脑钠肽会上升50%，如果给予充分的恢复和修复时间，这些损伤可以得到修复，这样就会形成一个更健康、更强大的心脏。倘若恢复时间不充足，可逆性微损伤则会堆积，最终导致心肌纤维化、心律失常等情况。

星 期 三

2

12 月 2 日
庚子年十月十八

训练日记

TRAINING DIARY

跑步训练 [ ]　　跑步时长______时______分　距离______公里

其他运动 [ ]　　______________________

训练主观参数

SUBJECTIVE PARAMETERS

疲劳程度______分　1~10 分，1 分代表根本不疲劳，10 分代表筋疲力尽。

根本不疲劳　2　3　4　有点累但能接受　7　8　9　筋疲力尽

精神状态　[ ] 好　[ ] 一般　[ ] 不好

训练前一晚睡眠　[ ] 好　[ ] 一般　[ ] 不好

训练后食欲　[ ] 好　[ ] 一般　[ ] 不好

训练时排汗量　[ ] 少　[ ] 一般　[ ] 多

你的感受______________________

每日一问

为什么跑步时双眼要注视前方？

跑步时双眼注视前方可以保持头部中立，避免低头或仰头。更为重要的是，头部中立有助于保持挺胸收腹。

星 期 四

12 月 3 日

庚子年十月十九

3

训练日记

TRAINING DIARY

跑步训练 [ ]　　跑步时长______时______分　距离______公里

其他运动 [ ]　　________________________

训练主观参数

SUBJECTIVE PARAMETERS

疲劳程度______分　1~10 分，1 分代表根本不疲劳，10 分代表筋疲力尽。

根本不疲劳　2　3　4　有点累但能接受　7　8　9　筋疲力尽

精神状态	[ ] 好	[ ] 一般	[ ] 不好
训练前一晚睡眠	[ ] 好	[ ] 一般	[ ] 不好
训练后食欲	[ ] 好	[ ] 一般	[ ] 不好
训练时排汗量	[ ] 少	[ ] 一般	[ ] 多

你的感受____

每日一问

轻松跑的心率范围是多少？

是否属于轻松跑也可以用心率进行衡量。跑步时当心率介于最大心率的 65%~78% 时，就属于轻松跑的范畴。最大心率采用 220 减去年龄进行计算。一个 40 岁的中年人，进行轻松跑时他的心率应该在 117~140 之间。

星 期 五

12 月 4 日
庚子年十月二十

4

训练日记

TRAINING DIARY

跑步训练 [ ]　　跑步时长______时______分　距离______公里

其他运动 [ ]　　______________________

训练主观参数

SUBJECTIVE PARAMETERS

疲劳程度______分　1~10 分，1 分代表根本不疲劳，10 分代表筋疲力尽。

根本不疲劳　2　3　4　有点累但能接受　7　8　9　筋疲力尽

精神状态	[ ] 好	[ ] 一般	[ ] 不好
训练前一晚睡眠	[ ] 好	[ ] 一般	[ ] 不好
训练后食欲	[ ] 好	[ ] 一般	[ ] 不好
训练时排汗量	[ ] 少	[ ] 一般	[ ] 多

你的感受______________________

每日一问

跑步时应不应该穿戴髌骨带或护膝？

髌骨带只适合有髌腱炎（俗称“跳跃膝”）的跑者，可以帮助分散压力。对于其他类型的膝痛并没有帮助，并且循证医学研究发现，护膝对于运动也没有实际帮助。如果有也是来自于心理作用。

星 期 六

12 月 5 日
庚子年十月廿一

5

训练日记

TRAINING DIARY

跑步训练 [ ]　　跑步时长______时______分　距离______公里

其他运动 [ ]　　______________________

训练主观参数

SUBJECTIVE PARAMETERS

疲劳程度______分　1~10 分，1 分代表根本不疲劳，10 分代表筋疲力尽。

根本不疲劳　2　3　4　有点累但能接受　7　8　9　筋疲力尽

精神状态	[ ] 好	[ ] 一般	[ ] 不好
训练前一晚睡眠	[ ] 好	[ ] 一般	[ ] 不好
训练后食欲	[ ] 好	[ ] 一般	[ ] 不好
训练时排汗量	[ ] 少	[ ] 一般	[ ] 多

你的感受______________________

每日一问

夜跑在晚上何时进行比较合适?

夜跑有助于改善睡眠，但要注意夜跑时间不要距离睡觉时间太近，以免过度兴奋。晚上不适合进行长时间大强度的跑步，过度疲劳的话睡眠反而不佳。

星 期 日

12 月 6 日

庚子年十月廿二

训练日记

TRAINING DIARY

跑步训练 [ ]　　跑步时长______时______分　距离______公里

其他运动 [ ]　　________________________

训练主观参数

SUBJECTIVE PARAMETERS

疲劳程度______分　1~10 分，1 分代表根本不疲劳，10 分代表筋疲力尽。

根本不疲劳　2　3　4　有点累但能接受　7　8　9　筋疲力尽

精神状态　[ ] 好　[ ] 一般　[ ] 不好

训练前一晚睡眠　[ ] 好　[ ] 一般　[ ] 不好

训练后食欲　[ ] 好　[ ] 一般　[ ] 不好

训练时排汗量　[ ] 少　[ ] 一般　[ ] 多

你的感受____

每日一问

冬季跑步有哪些好处?

在冬季跑步通气量会显著增加，这样更有助于提升心肺功能；在寒冷环境下坚持跑步，可以不再依赖打寒战的方式产热，从而提高机体耐受寒冷的阈值。但冬季跑步最大的好处还是来自于坚持运动本身所带来的好处。

星 期 一

•大 雪•

12 月 7 日
庚子年十月廿三

7

训练日记

TRAINING DIARY

跑步训练 [ ]　　跑步时长______时______分　距离______公里

其他运动 [ ]　　______________________

训练主观参数

SUBJECTIVE PARAMETERS

疲劳程度______分　1~10 分，1 分代表根本不疲劳，10 分代表筋疲力尽。

根本不疲劳　2　3　4　有点累但能接受　7　8　9　筋疲力尽

精神状态　[ ] 好　[ ] 一般　[ ] 不好

训练前一晚睡眠　[ ] 好　[ ] 一般　[ ] 不好

训练后食欲　[ ] 好　[ ] 一般　[ ] 不好

训练时排汗量　[ ] 少　[ ] 一般　[ ] 多

你的感受______________________

每日一问

为什么冬季跑步时，跑前热身要做得更加充分？

在寒冷环境中肌肉等软组织粘滞性会更高，热身不充分容易导致肌肉拉伤。在冬季跑步前更充分的热身有助于升高体温，调动心肺，促进血液循环，这样跑步体验会更好。

星 期 二

12 月 8 日
庚子年十月廿四

8

训练日记

TRAINING DIARY

跑步训练 [ ]　　跑步时长______时______分　距离______公里

其他运动 [ ]　　______________________

训练主观参数

SUBJECTIVE PARAMETERS

疲劳程度______分　1~10 分，1 分代表根本不疲劳，10 分代表筋疲力尽。

根本不疲劳　2　3　4　有点累但能接受　7　8　9　筋疲力尽

精神状态　[ ] 好　[ ] 一般　[ ] 不好

训练前一晚睡眠　[ ] 好　[ ] 一般　[ ] 不好

训练后食欲　[ ] 好　[ ] 一般　[ ] 不好

训练时排汗量　[ ] 少　[ ] 一般　[ ] 多

你的感受______________________

每日一问

瑜伽就是一种拉伸运动吗？

瑜伽既包含有氧运动成分，又有力量训练成分，同时强调身心统一。它并不仅是拉伸运动。在跑步训练中加入一些瑜伽练习可以帮助你缓解肌肉僵硬，增加关节活动范围，改善呼吸。一些瑜伽体式还有助于跑步损伤的康复。

星 期 三

9

12 月 9 日
庚子年十月廿五

训练日记

TRAINING DIARY

跑步训练 [ ]　　跑步时长______时______分　距离______公里

其他运动 [ ]　　______________________

训练主观参数

SUBJECTIVE PARAMETERS

疲劳程度______分　1~10 分，1 分代表根本不疲劳，10 分代表筋疲力尽。

根本不疲劳　2　3　4　有点累但能接受　7　8　9　筋疲力尽

精神状态	[ ] 好	[ ] 一般	[ ] 不好
训练前一晚睡眠	[ ] 好	[ ] 一般	[ ] 不好
训练后食欲	[ ] 好	[ ] 一般	[ ] 不好
训练时排汗量	[ ] 少	[ ] 一般	[ ] 多

你的感受______________________

每日一问

跑马拉松前必须要进行一次 30~35 公里长距离训练吗?

通常来说是需要的。其目的是让跑者清晰地了解自己在跑 30 多公里时的表现，从而判断自己的耐力储备，增加经验，提升完赛信心。此外，还可以根据这次拉练正确地制订跑马策略，但要注意这次拉练要安排在赛前 1 个月完成。

星 期 四

12 月 10 日
庚子年十月廿六

10

训练日记

TRAINING DIARY

跑步训练 [ ]　　跑步时长______时______分　距离______公里

其他运动 [ ]　　______________________

训练主观参数

SUBJECTIVE PARAMETERS

疲劳程度______分　1~10 分，1 分代表根本不疲劳，10 分代表筋疲力尽。

根本不疲劳　2　3　4　有点累但能接受　7　8　9　筋疲力尽

精神状态　[ ] 好　[ ] 一般　[ ] 不好

训练前一晚睡眠　[ ] 好　[ ] 一般　[ ] 不好

训练后食欲　[ ] 好　[ ] 一般　[ ] 不好

训练时排汗量　[ ] 少　[ ] 一般　[ ] 多

你的感受______________________

每日一问

为什么一般大众跑者不适合穿竞速鞋？

竞速鞋比一般跑鞋更轻，能够帮助马拉松运动员减轻负担，但其缓震材料运用较少，不利于降低着地冲击力，所以一般大众跑者并不适合穿竞速鞋。

星 期 五

11

12 月 11 日
庚子年十月廿七

训练日记

TRAINING DIARY

跑步训练 [ ]　　跑步时长______时______分　距离______公里

其他运动 [ ]　　______________________

训练主观参数

SUBJECTIVE PARAMETERS

疲劳程度______分　1~10 分，1 分代表根本不疲劳，10 分代表筋疲力尽。

根本不疲劳　2　3　4　有点累但能接受　7　8　9　筋疲力尽

精神状态	[ ] 好	[ ] 一般	[ ] 不好
训练前一晚睡眠	[ ] 好	[ ] 一般	[ ] 不好
训练后食欲	[ ] 好	[ ] 一般	[ ] 不好
训练时排汗量	[ ] 少	[ ] 一般	[ ] 多

你的感受______________________________

每日一问

在冬季跑步应该穿多厚的衣服?

如果出门时你感觉不冷，你一定是穿太多了。跑起来之后身体会大量产热，所以如果出门时感觉刚刚好，跑起来后一定会觉得热。在冬季跑步时，下身可以穿压缩裤或弹力裤，上身可以穿贴身运动长袖外加夹克或外套。

星 期 六

12

12 月 12 日

庚子年十月廿八

训练日记

TRAINING DIARY

跑步训练 [ ]　　跑步时长______时______分　距离______公里

其他运动 [ ]　　______________________

训练主观参数

SUBJECTIVE PARAMETERS

疲劳程度______分　1~10 分，1 分代表根本不疲劳，10 分代表筋疲力尽。

根本不疲劳　2　3　4　有点累但能接受　7　8　9　筋疲力尽

精神状态	[ ] 好	[ ] 一般	[ ] 不好
训练前一晚睡眠	[ ] 好	[ ] 一般	[ ] 不好
训练后食欲	[ ] 好	[ ] 一般	[ ] 不好
训练时排汗量	[ ] 少	[ ] 一般	[ ] 多

你的感受______________________

每日一问

穿上回弹性能好的跑鞋就等于拥有了足够的跑步动力吗?

尽管现代跑鞋的回弹力越来越强，但由于材料本身性能的原因，回弹并不能提供足够的推进力，指望仅仅通过跑鞋回弹力得到跑步动力是不现实的。

星　期　日

13

12 月 13 日
庚子年十月廿九

训练日记

TRAINING DIARY

跑步训练 [ ]　　跑步时长______时______分　距离______公里

其他运动 [ ]　　______________________

训练主观参数

SUBJECTIVE PARAMETERS

疲劳程度______分　1~10 分，1 分代表根本不疲劳，10 分代表筋疲力尽。

根本不疲劳　2　3　4　有点累但能接受　7　8　9　筋疲力尽

精神状态　[ ] 好　[ ] 一般　[ ] 不好

训练前一晚睡眠　[ ] 好　[ ] 一般　[ ] 不好

训练后食欲　[ ] 好　[ ] 一般　[ ] 不好

训练时排汗量　[ ] 少　[ ] 一般　[ ] 多

你的感受______________________

每日一问

减重就是减肥吗?

很多人将减肥理解为减重，其实在大多数情况下，脂肪减少的同时肌肉也会流失。真正好的减肥是减去脂肪而保留肌肉，这是极难做到的。力量训练有助于保持肌肉含量，避免减肥时肌肉过度流失。

星 期 一

14

12 月 14 日
庚子年十月三十

训练日记

TRAINING DIARY

跑步训练 [ ]　　跑步时长______时______分　距离______公里

其他运动 [ ]　　____________________

训练主观参数

SUBJECTIVE PARAMETERS

疲劳程度______分　1~10 分，1 分代表根本不疲劳，10 分代表筋疲力尽。

根本不疲劳　2　3　4　有点累但能接受　7　8　9　筋疲力尽

精神状态	[ ] 好	[ ] 一般	[ ] 不好
训练前一晚睡眠	[ ] 好	[ ] 一般	[ ] 不好
训练后食欲	[ ] 好	[ ] 一般	[ ] 不好
训练时排汗量	[ ] 少	[ ] 一般	[ ] 多

你的感受______________________________

每日一问

什么叫“周期性训练”？

如果你以参加某场马拉松为目标，进行了系统的、有组织的，按照一定阶段划分的训练，比如基础准备期、专项强化期、赛前节奏期来进行备赛，即可将其称为一种周期性训练。通过周性期训练，可以全面提升耐力，并让你在比赛中表现出最佳状态，因此是大众跑者进行马拉松备赛的有效方法。

星 期 二

12 月 15 日
庚子年十一月初一

15

训练日记

TRAINING DIARY

跑步训练 [ ]　　跑步时长______时______分　距离______公里

其他运动 [ ]　　____________________

训练主观参数

SUBJECTIVE PARAMETERS

疲劳程度______分　1~10 分，1 分代表根本不疲劳，10 分代表筋疲力尽。

根本不疲劳　2　3　4　有点累但能接受　7　8　9　筋疲力尽

精神状态　[ ] 好　[ ] 一般　[ ] 不好

训练前一晚睡眠　[ ] 好　[ ] 一般　[ ] 不好

训练后食欲　[ ] 好　[ ] 一般　[ ] 不好

训练时排汗量　[ ] 少　[ ] 一般　[ ] 多

你的感受______________________________

每日一问

怎样才称得上真正的“全马完赛者”？

一些跑者在马拉松后半程因体力不足或伤痛抽筋等原因，走走停停。这样就算勉强完成马拉松比赛，也不是“全马完赛者”。全程跑下来才是真正的“全马完赛者”。

星 期 三

16

12 月 16 日
庚子年十一月初二

训练日记

TRAINING DIARY

跑步训练 [ ]　　跑步时长______时______分　距离______公里

其他运动 [ ]　　____________________

训练主观参数

SUBJECTIVE PARAMETERS

疲劳程度______分　1~10 分，1 分代表根本不疲劳，10 分代表筋疲力尽。

根本不疲劳　2　3　4　有点累但能接受　7　8　9　筋疲力尽

精神状态　[ ] 好　[ ] 一般　[ ] 不好

训练前一晚睡眠　[ ] 好　[ ] 一般　[ ] 不好

训练后食欲　[ ] 好　[ ] 一般　[ ] 不好

训练时排汗量　[ ] 少　[ ] 一般　[ ] 多

你的感受____________________________________

每日一问

为全马而备赛，月跑量一般要达到多少？

为全马而备赛，理想的月跑量应当达到 200~300 公里，多一些相对更好，但至少也需要达到 180 公里。

星 期 四

17

12 月 17 日
庚子年十一月初三

训练日记

TRAINING DIARY

跑步训练 [ ]　　跑步时长______时______分　距离______公里

其他运动 [ ]　　________________________

训练主观参数

SUBJECTIVE PARAMETERS

疲劳程度______分　1~10 分，1 分代表根本不疲劳，10 分代表筋疲力尽。

根本不疲劳　2　3　4　有点累但能接受　7　8　9　筋疲力尽

精神状态　[ ] 好　[ ] 一般　[ ] 不好

训练前一晚睡眠　[ ] 好　[ ] 一般　[ ] 不好

训练后食欲　[ ] 好　[ ] 一般　[ ] 不好

训练时排汗量　[ ] 少　[ ] 一般　[ ] 多

你的感受________________________________

每日一问

为什么冬季和夏季都要坚持运动?

“冬练三九夏练三伏”，其实说的就是利用相对恶劣的天气来训练人体的适应能力，提升意志力。坚持在冬季和夏季运动，可以分别形成冷习服和热习服。

星 期 五

12 月 18 日
庚子年十一月初四

18

训练日记

TRAINING DIARY

跑步训练 [ ]　　跑步时长______时______分　距离______公里

其他运动 [ ]　　______________________

训练主观参数

SUBJECTIVE PARAMETERS

疲劳程度______分　1~10 分，1 分代表根本不疲劳，10 分代表筋疲力尽。

根本不疲劳　2　3　4　有点累但能接受　7　8　9　筋疲力尽

精神状态	[ ] 好	[ ] 一般	[ ] 不好
训练前一晚睡眠	[ ] 好	[ ] 一般	[ ] 不好
训练后食欲	[ ] 好	[ ] 一般	[ ] 不好
训练时排汗量	[ ] 少	[ ] 一般	[ ] 多

你的感受______________________________

每日一问

环绕关节的热身方式对吗？

跑步之前要做热身，但那种传统的环绕关节，比如转脖子、转腰、绕膝盖的热身动作都是错误的。这些动作不仅达不到热身目的，还会增加受伤风险。

星 期 六

19

12 月 19 日
庚子年十一月初五

训练日记

TRAINING DIARY

跑步训练 [ ]　　跑步时长______时______分　距离______公里

其他运动 [ ]　　________________________

训练主观参数

SUBJECTIVE PARAMETERS

疲劳程度______分　1~10 分，1 分代表根本不疲劳，10 分代表筋疲力尽。

根本不疲劳　2　3　4　有点累但能接受　7　8　9　筋疲力尽

精神状态	[ ] 好	[ ] 一般	[ ] 不好
训练前一晚睡眠	[ ] 好	[ ] 一般	[ ] 不好
训练后食欲	[ ] 好	[ ] 一般	[ ] 不好
训练时排汗量	[ ] 少	[ ] 一般	[ ] 多

你的感受____________________________________

每日一问

运动前有必要喝水吗？

有。运动前水合越充分，运动中脱水发生得越迟，疲劳发生得越晚。运动前可以喝 300~400 毫升的水。

星 期 日

12 月 20 日
庚子年十一月初六

20

训练日记

TRAINING DIARY

跑步训练 [ ]　　跑步时长______时______分　距离______公里

其他运动 [ ]　　______________________

训练主观参数

SUBJECTIVE PARAMETERS

疲劳程度______分　1~10 分，1 分代表根本不疲劳，10 分代表筋疲力尽。

根本不疲劳　2　3　4　有点累但能接受　7　8　9　筋疲力尽

精神状态　[ ] 好　[ ] 一般　[ ] 不好

训练前一晚睡眠　[ ] 好　[ ] 一般　[ ] 不好

训练后食欲　[ ] 好　[ ] 一般　[ ] 不好

训练时排汗量　[ ] 少　[ ] 一般　[ ] 多

你的感受______________________

每日一问

什么是“踩屎感”？

所谓“踩屎感”指的是跑鞋的缓震性能。通过缓震可以模糊脚对于地面的感觉，缓震越好的跑鞋，相对而言可以更好地缓冲地面冲击力。但这并不等于说缓震好的跑鞋可以 100% 避免伤痛。

星 期 一

•冬 至•

12 月 21 日
庚子年十一月初七

训练日记

TRAINING DIARY

跑步训练 [ ]　　跑步时长______时______分　距离______公里

其他运动 [ ]　　____________________

训练主观参数

SUBJECTIVE PARAMETERS

疲劳程度______分　1~10 分，1 分代表根本不疲劳，10 分代表筋疲力尽。

根本不疲劳　2　3　4　有点累但能接受　7　8　9　筋疲力尽

精神状态　[ ] 好　[ ] 一般　[ ] 不好

训练前一晚睡眠　[ ] 好　[ ] 一般　[ ] 不好

训练后食欲　[ ] 好　[ ] 一般　[ ] 不好

训练时排汗量　[ ] 少　[ ] 一般　[ ] 多

你的感受____________________

每日一问

跑步时不小心崴脚了该如何处理？

首先应立即停下来休息，按压疼痛部位以达到止血作用。然后找冰块进行冰敷，受伤后 24 小时以内可冰敷多次，每次 15~20 分钟。冰敷后加压包扎，保护受伤部位。晚上睡觉时要把脚抬高。现场处理越及时，后期康复越快。

星 期 二

22

12 月 22 日
庚子年十一月初八

训练日记

TRAINING DIARY

跑步训练 [ ]　　跑步时长______时______分　距离______公里

其他运动 [ ]　　______________________

训练主观参数

SUBJECTIVE PARAMETERS

疲劳程度______分　1~10 分，1 分代表根本不疲劳，10 分代表筋疲力尽。

根本不疲劳　2　3　4　有点累但能接受　7　8　9　筋疲力尽

精神状态　[ ] 好　[ ] 一般　[ ] 不好

训练前一晚睡眠　[ ] 好　[ ] 一般　[ ] 不好

训练后食欲　[ ] 好　[ ] 一般　[ ] 不好

训练时排汗量　[ ] 少　[ ] 一般　[ ] 多

你的感受______________________

每日一问

碳板设计好吗?

在鞋底夹层加入碳板是增加跑鞋回弹力的一种方法。碳板的特性使鞋底具有充分弹性。Nike ZoomX Vaporfly 4% 跑鞋和 next% 跑鞋中都埋入了碳板。

星 期 三

23

12 月 23 日
庚子年十一月初九

训练日记

TRAINING DIARY

跑步训练 [ ]　　跑步时长______时______分　距离______公里

其他运动 [ ]　　______________________

训练主观参数

SUBJECTIVE PARAMETERS

疲劳程度______分　1~10 分，1 分代表根本不疲劳，10 分代表筋疲力尽。

根本不疲劳　2　3　4　有点累但能接受　7　8　9　筋疲力尽

精神状态　[ ] 好　[ ] 一般　[ ] 不好

训练前一晚睡眠　[ ] 好　[ ] 一般　[ ] 不好

训练后食欲　[ ] 好　[ ] 一般　[ ] 不好

训练时排汗量　[ ] 少　[ ] 一般　[ ] 多

你的感受______________________

每日一问

冬季穿太少会导致老寒腿吗?

寒冷不会导致关节炎。关节炎患者在受凉后可能会出现关节疼痛加重的症状，让人误以为是寒冷导致了关节炎。冬季穿得少主要会导致舒适感下降，并不会直接导致老寒腿。

星 期 四

24

12 月 24 日
庚子年十一月初十

训练日记

TRAINING DIARY

跑步训练 [ ]　　跑步时长______时______分　距离______公里

其他运动 [ ]　　______________________

训练主观参数

SUBJECTIVE PARAMETERS

疲劳程度______分　1~10 分，1 分代表根本不疲劳，10 分代表筋疲力尽。

根本不疲劳　2　3　4　有点累但能接受　7　8　9　筋疲力尽

精神状态　[ ] 好　[ ] 一般　[ ] 不好

训练前一晚睡眠　[ ] 好　[ ] 一般　[ ] 不好

训练后食欲　[ ] 好　[ ] 一般　[ ] 不好

训练时排汗量　[ ] 少　[ ] 一般　[ ] 多

你的感受______________________

每日一问

跑步时呼吸需要与跑步动作相结合吗？

需要。你可以两步一吸，两步一呼，也可以三步一吸，三步一呼，甚至三步一呼，两步一吸都是允许的。关键是呼吸要和跑步动作配合，不能乱。

星 期 五

25

12 月 25 日
庚子年十一月十一

训练日记

TRAINING DIARY

跑步训练 [ ]　　跑步时长______时______分　距离______公里

其他运动 [ ]　　______________________

训练主观参数

SUBJECTIVE PARAMETERS

疲劳程度______分　1~10 分，1 分代表根本不疲劳，10 分代表筋疲力尽。

根本不疲劳　2　3　4　有点累但能接受　7　8　9　筋疲力尽

精神状态	[ ] 好	[ ] 一般	[ ] 不好
训练前一晚睡眠	[ ] 好	[ ] 一般	[ ] 不好
训练后食欲	[ ] 好	[ ] 一般	[ ] 不好
训练时排汗量	[ ] 少	[ ] 一般	[ ] 多

你的感受______________________________

每日一问

间歇跑有哪些作用？

间歇跑速度快，强度大，可以有效刺激心肺系统，提升最大摄氧量，改善跑步经济性，提高身体抗乳酸能力，是渴望不断进步的跑者应当进行的一种重要跑步训练，但较为痛苦。

星 期 六

26

12 月 26 日
庚子年十一月十二

训练日记

TRAINING DIARY

跑步训练 [ ]　　跑步时长______时______分　距离______公里

其他运动 [ ]　　______________________

训练主观参数

SUBJECTIVE PARAMETERS

疲劳程度______分　1~10 分，1 分代表根本不疲劳，10 分代表筋疲力尽。

根本不疲劳　2　3　4　有点累但能接受　7　8　9　筋疲力尽

精神状态	[ ] 好	[ ] 一般	[ ] 不好
训练前一晚睡眠	[ ] 好	[ ] 一般	[ ] 不好
训练后食欲	[ ] 好	[ ] 一般	[ ] 不好
训练时排汗量	[ ] 少	[ ] 一般	[ ] 多

你的感受______________________________

每日一问

只运动不控制饮食会发生什么？

不控制饮食的话，运动后往往吃得更多。单靠运动体重很难下降，但运动能把你变成一个更加灵活且更加健康的胖子。

星　期　日

27

12 月 27 日
庚子年十一月十三

训练日记

TRAINING DIARY

跑步训练 [ ]　　跑步时长______时______分　距离______公里

其他运动 [ ]　　______________________

训练主观参数

SUBJECTIVE PARAMETERS

疲劳程度______分　1~10 分，1 分代表根本不疲劳，10 分代表筋疲力尽。

根本不疲劳　2　3　4　有点累但能接受　7　8　9　筋疲力尽

精神状态　[ ] 好　[ ] 一般　[ ] 不好

训练前一晚睡眠　[ ] 好　[ ] 一般　[ ] 不好

训练后食欲　[ ] 好　[ ] 一般　[ ] 不好

训练时排汗量　[ ] 少　[ ] 一般　[ ] 多

你的感受______________________

每日一问

常见的错误跑姿有哪些?

含胸驼背；左右横向摆臂；膝盖内扣；骨盆上下扭动；身体重心起伏过大；着地时膝过伸和着地点远离重心等。

星 期 一

28

12 月 28 日
庚子年十一月十四

训练日记

TRAINING DIARY

跑步训练 [ ]　　跑步时长______时______分　距离______公里

其他运动 [ ]　　______________________

训练主观参数

SUBJECTIVE PARAMETERS

疲劳程度______分　1~10 分，1 分代表根本不疲劳，10 分代表筋疲力尽。

根本不疲劳　2　3　4　有点累但能接受　7　8　9　筋疲力尽

精神状态　[ ] 好　[ ] 一般　[ ] 不好

训练前一晚睡眠　[ ] 好　[ ] 一般　[ ] 不好

训练后食欲　[ ] 好　[ ] 一般　[ ] 不好

训练时排汗量　[ ] 少　[ ] 一般　[ ] 多

你的感受______________________

每日一问

在冬天晨跑有哪些注意事项?

冬季清晨气温低，要注意保暖但不必穿太多，毕竟跑步会大量产热。可以用魔术头巾遮住口鼻处，减少冷空气刺激。此外还要看一下空气质量指数，如果中度污染甚至重度污染，建议继续睡觉。

星 期 二

29

12 月 29 日
庚子年十一月十五

训练日记

TRAINING DIARY

跑步训练 [ ] 跑步时长______时______分 距离______公里

其他运动 [ ] ______________________

训练主观参数

SUBJECTIVE PARAMETERS

疲劳程度______分 1~10 分，1 分代表根本不疲劳，10 分代表筋疲力尽。

根本不疲劳 2 3 4 有点累但能接受 7 8 9 筋疲力尽

精神状态 [ ] 好 [ ] 一般 [ ] 不好

训练前一晚睡眠 [ ] 好 [ ] 一般 [ ] 不好

训练后食欲 [ ] 好 [ ] 一般 [ ] 不好

训练时排汗量 [ ] 少 [ ] 一般 [ ] 多

你的感受______________________

每日一问

什么样的跑姿最伤膝盖？

着地时膝关节处于伸直锁死状态，着地点远离重心，这会导致膝关节受到极大的冲击力，最容易伤膝盖。

星 期 三

12 月 30 日
庚子年十一月十六

训练日记

TRAINING DIARY

跑步训练 [ ]　　跑步时长______时______分　距离______公里

其他运动 [ ]　　______________________

训练主观参数

SUBJECTIVE PARAMETERS

疲劳程度______分　1~10 分，1 分代表根本不疲劳，10 分代表筋疲力尽。

根本不疲劳　2　3　4　有点累但能接受　7　8　9　筋疲力尽

精神状态　[ ] 好　[ ] 一般　[ ] 不好

训练前一晚睡眠　[ ] 好　[ ] 一般　[ ] 不好

训练后食欲　[ ] 好　[ ] 一般　[ ] 不好

训练时排汗量　[ ] 少　[ ] 一般　[ ] 多

你的感受______________________

每日一问

在同等速度下跑步，是大步幅好还是快步频好？

步幅乘以步频等于速度。同等速度下，快步频小步幅更加适合大众跑者，因为这种方式降低了重心起伏，减少了着地冲击，更加省力。所以小步快跑值得提倡。

星 期 四

31

12 月 31 日
庚子年十一月十七

训练日记

TRAINING DIARY

跑步训练 [ ]　　跑步时长______时______分　距离______公里

其他运动 [ ]　　______________________

训练主观参数

SUBJECTIVE PARAMETERS

疲劳程度______分　1~10 分，1 分代表根本不疲劳，10 分代表筋疲力尽。

根本不疲劳　2　3　4　有点累但能接受　7　8　9　筋疲力尽

精神状态　[ ] 好　[ ] 一般　[ ] 不好

训练前一晚睡眠　[ ] 好　[ ] 一般　[ ] 不好

训练后食欲　[ ] 好　[ ] 一般　[ ] 不好

训练时排汗量　[ ] 少　[ ] 一般　[ ] 多

你的感受______________________

年度总结 ANNUAL SUMMARY

2020 主题

用一句话总结一下过去的 2020 年

回顾愿望清单

回顾年初许下的愿望，进行年度复盘

作者简介

戴剑松　副教授　硕士生导师

南京体育学院运动健康学院运动康复系主任

长期服务高水平运动队

奥运冠军体能康复教练

健身教练国家职业资格培训师

中国田径协会马拉松学院路跑指导员培训师

畅销书《无伤跑法》作者

知乎运动健身专栏作家

跑步研习社首席课程导师

跑步研习社

一所为跑者提供终身学习的跑步大学

目前，跑步研习社云集了国内有名望的一线教练与教授，包括李国强、戴剑松、郑家轩、杨帅等。跑步研习社将教授的理论与实践高度结合，为数万跑者提供系统全面的跑步学习，开设课程的学习次数已达到十万人次。

跑步研习社引入国内首创的“无伤跑法”训练体系，提供多场景学习模式、6 大课程学院、定制训练专区、阶梯式学习路径等服务。

学跑步，就上跑步研习社！